もくじ

教育出版版　国語2

テストの範囲や学習予定日をかこう！

学習計画	
出題範囲	学習予定日
5/14 テストの日	5/10
	5/11

虹の足

教科書 p.16〜p.17

主題
虹に抱かれた村の情景から、幸福についての作者の思いを語った詩。人は「自分には見えない幸福」の中で生きていることがあるのだ。

5分間攻略ブック p.2

テストに出る！ ココが要点

詩の形式
- 文語定型詩→昔の書き言葉で、音数やリズムにきまりがある詩。
- 文語自由詩→昔の書き言葉で、音数やリズムにきまりがない詩。
- 口語定型詩→現代の言葉で、音数やリズムにきまりがある詩。
- 口語自由詩→現代の言葉で、音数やリズムにきまりがない詩。

表現技法
- 比喩
  - 直喩法→「ようだ・ようように」などを用いてたとえる。 例乾麺みたいに真直(まっすぐ)な
  - 隠喩法→「ようだ・ように」などを用いずにたとえる。
  - 擬人法(ぎじんほう)→何かを人間のふるまいにたとえる。 例虹がそっと足を下ろした
- 倒置法→語句の順序を逆にする。 例見たのだ、虹の足を。

テストに出る！ 予想問題

解答 p.1
30分 /100点

次の詩を読んで、問題に答えなさい。

虹の足　　吉野弘(よしのひろし)

雨があがって
雲間から

---

1 よく出る この詩の形式を次から一つ選び、記号で答えなさい。〔10点〕
ア 文語定型詩
イ 文語自由詩
ウ 口語定型詩
エ 口語自由詩

2 よく出る ――線①「乾麺みたいに……刺さり」とありますが、この表現は、何がどうなっている様子をたとえていますか。〔10点〕

3 ――線②「見たのだ」とありますが、この言葉はこのあとのどこまでつながっていますか。次から一つ選び、記号で答えなさい。〔10点〕
ア 虹の足を。（6行め）
イ 足を下ろしたのを！（8行め）
ウ 空に立ったのを！（11行め）
エ 染められていたのだ。（14行め）

4 ――線③「虹がそっと足を下ろした」に用いられている表現技法を次から一つ選び、記号で答えなさい。〔10点〕

漢字を読もう！ ←答えは左ページ　①乾麺　②頬　③虹

①乾麺みたいに真直（まっすぐ）な
陽射（ひざ）しがたくさん地上に刺（さ）さり
行手（ゆくて）に榛名山（はるなさん）が見えたころ
山路を登るバスの中で見たのだ、②虹の足を。
眼下にひろがる田圃（たんぼ）の上に
③虹がそっと足を下ろしたのを！
野面（のづら）にすらりと足を置いて
虹のアーチが軽（かろ）やかに
すっくと空に立ったのを！
その虹の足の底に
小さな村といくつかの家が
すっぽり抱かれて染められていたのだ。
それなのに
④家から飛び出して虹の足にさわろうとする人影は見えない。
――おーい、君の家が虹の中にあるぞオ
⑤乗客たちは頬を火照（ほて）らせ
野面に立った虹の足に見とれた。
多分、あれはバスの中の僕らには見えて
村の人々には見えないのだ。
⑥そんなこともあるのだろう
他人には見えて
自分には見えない幸福の中で
格別驚きもせず
幸福に生きていることが――。

5 ――線④「家から飛び出して虹の足にさわろうとする人影は見えない」とありますが、村の人々がさわろうとしなかったのは、なぜですか。詩の中の言葉を使って答えなさい。〔20点〕

6 ――線⑤「乗客たちは……虹の足に見とれた」とありますが、「乗客たち」はどのような気持ちで「虹の足」を見ていたと考えられますか。次から一つ選び、記号で答えなさい。〔10点〕

ア 不安　**イ** 感動　**ウ** 後悔　**エ** 恐れ

7 やや難 ――線⑥「そんなこともあるのだろう」とありますが、「そんなこと」とはどのようなことですか。「幸福」という言葉を用いて書きなさい。〔20点〕

8 よく出る 「僕」にとって、「虹の足」は、何の象徴（しょうちょう）なのですか。詩の中から漢字二字で抜き出しなさい。〔10点〕

ア 直喩法　**イ** 擬人（ぎじん）法
ウ 繰（く）り返し　**エ** 体言止め

漢字で書こう！　①かんめん　②ほお　③にじ
答えは右ページ➡

タオル

教科書 p.22～p.35

主題

◇祖父の死を実感できなかった少年が、写真や思い出などをとおして祖父や父の生き方を見つめ直す。少年は最後には祖父の死を受け止めて、涙を流す。

5分間攻略ブック p.2

テストに出る！ ココが要点

祖父と父の写真（教 p.28～p.29）▶例題

●昔の写真を祖父に見せたら、と考えて、もう祖父と話せないことに気づく。→初めて、それが**悲しさ**と結びついた。

●写真から、いつも**タオル**を巻いていた祖父の姿を思い出す。

●父が若い頃嫌々**漁師**を継ぎ、今は立派な漁師になったことを知る。

祖父のタオル（教 p.31～p.33）▶予想問題

●叔母たちが、笑って思い出話をしていた。→急に**寂しく**なった。

●祖父らしい姿で見送るために、父が**タオル**を取りに来る。

●少年も**祖父**のように、タオルを頭に巻いて写真を撮った。

→今まで流れなかった**涙**があふれ出た。

例題　祖父と父の写真

ほら、これ、とシライさんは封筒から出した写真を何枚かまとめて少年に渡した。

祖父と父がいた。船に乗っていた。二人とも今よりずっと若い。父はまだ二十歳そこそこで、祖父も還暦前だった。

はげていない頃の写真を見せたらおじいちゃんは恥ずかしがるだろうか、とクスッと笑いかけて、ああそうか、と①**頬をすぼめた**。もうおじいちゃんと話すことはできないんだな。おとといから何度も思ってきたことなのに、②**今初めて、それが悲しさと結びついた**。

漁をしている時の祖父の写真は、どれもタオルを頭に巻いていた。いつもだ。③**昔から変わらない**。最後の漁に出たおとといもそうだった。出かける前に庭のほ

1 よく出る ――線①は、少年のどのような気持ちを表していますか。選びなさい。

ア　沈んだ気持ち。

イ　おどろいた気持ち。

ウ　ゆかいな気持ち。　（　　）

2 よく出る ――線②とありますが、このとき初めて「悲しさ」を感じたのはなぜですか。

もう祖父と（　　　　）はできないと、初めて実感したから。

3 ――線③とありますが、どのようなことが変わらないのですか。

答えと解説

1 ア

笑いかけたところで、**現実の祖父の死を思い出し**、「頬をすぼめた」のである。

2 話すこと（話）

祖父に話したいことがあるのに話せないという状況を体験し、**祖父がいないことを実感して悲しくなった**のだ。

3 タオル

前の部分から読み取る。タオル

漢字を読もう！　①連絡　②親戚　③甘み

←答えは左ページ

うに回る。漁の道具をしまった納屋の脇に、針金を渡した物干し台がある。昨日のうちに干しておいたタオルをそこから取って、キュッと頭に巻き付けて、「ほな行ってくるけん。」と港へ向かう。漁を終え、魚市場に魚を卸し、仲間と軽く一杯やってから家に帰ってくると、頭からはずしたタオルを水洗いして、物干し台の針金に掛ける。ずっとそうだった。毎日毎日、それを繰り返していた。

「ほら、この頃はまだお父さんの雰囲気、あんまり漁師らしくないだろ。」

「……はい。」

「漁師を継ぐのは嫌だ嫌だって、俺と酒を飲むと文句ばっかり言ってたんだ。」

④**「そうなんですか？」**

「今は、生まれついての漁師です、って顔してるけどな。」

⑤**シライさんはおかしそうに笑った。**

〔重松　清「タオル」による〕

漁のときの祖父が、いつも（　　　）を頭に巻いていたこと。

4 祖父はどのような人だったと思われますか。選びなさい。

ア ろくに働かず、怠けてばかりいた人。
イ 仕事より家族を大事にした人。
ウ 漁師の仕事に地道に打ちこんだ人。
（　　　）

5 ——線④で、少年が驚いたのはなぜですか。選びなさい。

ア シライさんと父が知り合いだったから。
イ 父の意外な一面を知ったから。
ウ 若い頃の父が漁師らしくなかったから。
（　　　）

6 ——線⑤とありますが、シライさんは、どのようなことをおかしく感じたのですか。

漁師を継ぐのを嫌がっていた少年の父が、今では（　　　　　　）の漁師のような顔をしていること。

は、**漁師だった祖父の思い出と強く結びついている。**

4 ウ
毎日毎日、律儀に決まったやり方を守って、漁師の仕事を続けていた人である。

5 イ
昔は漁師になるのを嫌がっていたという、**自分の知らない父の姿を**聞いて、驚いたのである。

6 生まれついて
直前のシライさんの言葉から読み取る。

漢字で書こう！　①れんらく　②しんせき　③あま（み）
答えは右ページ➡

テストに出る！

予想問題

解答 p.1　30分　100点

次の文章を読んで、問題に答えなさい。

台所の前を通りかかった時、叔母さんたちの話し声が聞こえた。祖父のなきがらを清めている時の話だった。首筋のしわをタオルで拭いていたら、潮と、魚と、それからさびのにおいが立ち上ってきたのだという。「何十年も船に乗ってきたんじゃけん、体に染みついとるんじゃろうねえ。」と叔母さんが言うと、母が「お義父さんは風呂が嫌いじゃったけんねえ。」と返し、みんなで懐かしそうに笑っていた。

①おとといまではこの家にいた人のことを、もうみんなは思い出話にしてしゃべっている。②急に寂しくなった。涙は出なくても、だんだん悲しくなってきた。

玄関からまた外に出て、庭のほうに回った。

納屋の脇に、ほの白いものが見えた。

祖父のタオルだった。

手を伸ばしかけたが、③触るのがなんとなく怖くて、中途半端な位置に手を持ち上げたまま、しばらくタオルを見つめた。

「おう、ここにおったんか。」

背中に声をかけられ、振り向くと、父とシライさんがいた。

④「おじいちゃんの写真、シライさんに見せてもろうとったら、おもしろかったんじゃ。おじいちゃんは漁に出るときはいつもタオルを巻いとったろう。じゃけん、家におる時の写真を見たら、お

1 ——線①「おとといまではこの家にいた人」とありますが、誰のことですか。漢字二字で抜き出しなさい。〔10点〕

2 よく出る ——線②「急に寂しくなった。」のはなぜですか。「思い出話」という言葉を使って説明しなさい。〔15点〕

3 ——線③「触るのがなんとなく怖くて」とありますが、祖父のタオルに触るのが怖かったのはなぜですか。次から一つ選び、記号で答えなさい。〔10点〕

ア 生前の祖父は怖い人だったから。

イ 触ると父に怒られそうだったから。

ウ 触ると自分も死んでしまいそうだから。

エ すでに死んだ人の持ち物だから。

4 ——線④「おじいちゃんの写真、……おもしろかったんじゃ。」とありますが、どんなことがおもしろかったのですか。〔15点〕

漢字を読もう！ ①悔しい ②雰囲気 ③封筒
←答えは左ページ

まえ、みぃんなデコのところが白うなっとるんよ。そこだけ日に焼けとらんけん……。」

父はかなり酔っているのか、ろれつの怪しい声で言って、体を揺すって笑った。

「ほいで、今もそうなんじゃろうか思うて棺桶をのぞいてみたら、やっぱりデコが白いんよ。じゃけん、のう、シライさん、⑤じいさんをええ男にして冥土に送ってやらんといけんもんのう……。」

涙声になってきた父の言葉を引き取って、シライさんが「タオルを取りに来たんだ。」と言った。「やっぱり、⑥タオルがないとおじいちゃんじゃないから。」

父は涙ぐみながら針金からタオルをはずし、少年に「せっかくじゃけん、おまえも頭に巻いてみいや。」と言った。

シライさんも「そうだな、写真撮ってやるよ。」とカメラをかまえた。

少年はタオルをねじって細くした――いつも祖父がそうしていたように。

額にきつく巻き付けた。

水道の水ですすぎきれなかった潮のにおいが鼻をくすぐった。

おじいちゃんのにおいだ、と思った。

「おう、よう似合うとるど。」

父は拍手をして、そのままうつむき、太い腕で目もとをこすった。

シライさんがカメラのフラッシュをたいた。まぶしさに目を細め、またたくと、⑦熱いものがまぶたからあふれ出た。かすかな潮のにおいは、そこにもあった。

〔重松 清「タオル」による〕

5 よく出る ――線⑤「じいさんをええ男にして」とありますが、具体的にどのようなことをするのですか。簡潔に書きなさい。〔15点〕

6 ――線⑥「タオルがないとおじいちゃんじゃない」とありますが、祖父はいつもタオルをどのようにして巻いていましたか。文章中の言葉を用いて簡潔に書きなさい。〔10点〕

7 よく出る ――線⑦「熱いものがまぶたからあふれ出た」のはなぜですか。適切でないものを次から一つ選び、記号で答えなさい。〔15点〕

ア 潮のにおいが、もういない祖父の記憶を呼び覚ましたから。
イ 祖父のタオルが似合っていると言われて胸を打たれたから。
ウ 漁師で力強い男であるはずの父の泣く姿を見たから。
エ カメラのフラッシュがまぶしすぎて目がくらんだから。

8 やや難 「タオル」はこの物語の中で何を象徴していますか。次から一つ選び、記号で答えなさい。〔10点〕

ア 祖父が家族へ向けた愛情。
イ 祖父の死に対する少年の悲しみ。
ウ 祖父の人柄や生き方。
エ 祖父に対する人々の思い。

漢字で書こう！ ①くや(しい) ②ふんいき ③ふうとう
答えは右ページ➡

教科書 p.36／p.288～p.291／p.40～p.41

文法の小窓1 活用のない自立語
漢字の広場1 まちがえやすい漢字

確認

◆活用のない自立語は、名詞・連体詞・副詞・接続詞・感動詞の五つ。
◆同じ形をもつ漢字、似た形の部首をもつ漢字に注意。

5分間攻略ブック p.18／p.3

テストに出る！ ココが要点

文法の小窓1 活用のない自立語

● 名詞…人や物・事柄（ことがら）などを表す。
普通名詞→例花・平和　固有名詞→例田中春子（たなかはるこ）・アメリカ
代名詞→例私・それ・いつ　数詞→例一つ・三回め
形式名詞→例それは私が買ったものです。

● 連体詞…連体修飾語になる。体言（名詞）を含む文節を修飾する。
例この人・おかしな話・たいした腕前・ある国

● 副詞…主に連用修飾語になる。
状態の副詞→例のんびり・さらさら
程度の副詞→例かなり・少し
叙述（じょじゅつ）の副詞（陳述（ちんじゅつ）の副詞・呼応の副詞）→例決して行かない。

● 接続詞…接続語になる。例だから（順接）・しかし（逆接）

● 感動詞…独立語になる。例まあ（感動）・もしもし（呼びかけ）・いいえ（応答）・こんにちは（挨拶）

例題

1 次の文から、①～③の品詞を全て抜き出しなさい。

答えと解説

1 ①私・小説・それ・動物

予想問題

テストに出る！

解答 p.2　20分　100点

文法の小窓1 活用のない自立語

1 次の会話の□に入る代名詞をあとから一つずつ選び、記号で答えなさい。　4点×2〔8点〕

① A「○○百貨店はどこですか。」
B「通りの向こう側の、□に見えるビルです。」

② A「この辞書は誰のですか。」
B「□は私の辞書です。」

ア それ　イ ここ　ウ あれ　エ あそこ

①
②

2 ［やや難］次の――線から連体詞を一つずつ選び、記号で答えなさい。　10点×2〔20点〕

①
ア これは童話です。
イ その本がほしい。
ウ あちらが出口です。
エ どこに行くの。

②
ア 来る（きた）三月十二日に謝恩会を行う。
イ 待ちわびていた大会の日がようやく来る。
ウ 春が来ると、桜がさく。
エ 向こうから来るのが、私の兄だ。

①
②

3 ［よく出る］次の□にあてはまる副詞をあとから一つずつ選び、記号で答えなさい。　6点×4〔24点〕

漢字を読もう！ ①紳士　②袖　③租税
←答えは左ページ

私は例の小説をじっくりと読んだ。それには、いろんな動物が登場した。

① 名詞（　　）
② 連体詞（　　）
③ 副詞（　　）

2 次の文から【　】内の品詞を一つずつ抜き出しなさい。

① はい、私が学級委員です。【感動詞】（　　）
② 外は雨だ。しかし、出かけよう。【接続詞】（　　）

②例の・いろんな
③じっくりと

①「私」「それ」は代名詞。②連体詞には「―の」、「―な」、「―た」、「―る」という形の語が多い。

2 ①はい
②しかし

①「はい」は、応答の感動詞。②「しかし」は、逆接の接続詞。

テストに出る！ ココが要点

漢字の広場１　まちがえやすい漢字

● 部首以外の部分に同じ形をもつ漢字
→同じ音読みになることが多い。
例 側・測→「則」が共通→音読みソク
● よく似た形をした部首をもつ漢字
→部首の成り立ちや意味を辞書で確認する。
例「ネ」→もとは「示」。「衤」→もとは「衣」。

① それを聞いたら、母は□怒るだろう。
② もっと□歩きましょう。
③ 彼は□あんなことを言ったのだろうか。
④ 校庭の杉の木は、□背が高い。

ア なぜ　イ たぶん　ウ ずいぶん　エ ゆっくり

①	②	③	④

4 次の――線が適切であれば○を書き、文脈に合わなければ適切な接続詞をあとから一つずつ選び、記号で答えなさい。　6点×4〔24点〕

① 雨が降ってきた。けれども、急いで洗濯物を取り込んだ。
② 祭りは大にぎわいだった。ただし、大成功だったということだ。
③ 雷が鳴った。そして、雨粒が落ちてきた。
④ ノートか、すなわちメモ帳を用意してください。

ア つまり　イ または
ウ ところで　エ そこで

①	②	③	④

漢字の広場１　まちがえやすい漢字

5 次の――線を漢字に直して書きなさい。　4点×6〔24点〕

(1)
① マ法使いのほうき。
② 書道の腕を錬マする。
③ 貿易マ擦が起きる。

(2)
① 道路の側コウ。
② 集中コウ義を受ける。
③ 雑誌を定期コウ読する。

	①	②	③
(1)			
(2)			

漢字で書こう！　①しんし　②そで　③そぜい
答えは右ページ➡

教科書 p.48～p.53

日本の花火の楽しみ

要旨（ようし）

◆花火には、熟練された花火師の高い技術が隠されている。華やかさとはかなさを同時に味わえる花火は、日本人にとって味わいに富んだ芸術である。

⇨5分間攻略ブック p.4

テストに出る！ ココが要点

理想の花火の姿（教 p.50～p.51）▶例題

- 理想の花火の姿は、**ゆがみなくまん丸く大きく**開いたもの。
- 花火師は、部品作りから組み立てまで**丁寧**（ていねい）**な手作業**を積み重ねる。
- 花火師は、花火の開花のタイミング、「盆」の大きさ、「星」の姿など、さまざまなところに気を配り、**理想の姿**に近づけていく。

芸術としての花火（教 p.50～p.52）▶予想問題

- 花火は、夜空に咲き、一瞬（いっしゅん）で**消え去る**時に**芸術**となる。
- 現在では、**演出**面も重要となり、さまざまな形やこれまでにない動きの花火も生み出され続けている。
- 花火は、**華やかさとはかなさ**を味わえる芸術である。

例題　理想の花火の姿

1 花火師によると、**理想とする花火の姿**①は、ゆがみなくまん丸く大きく開いたものだという。破綻のない丸さは、日本の花火の最大の特徴として追求されてきた要素だ。さらに、はっきりした発色で一斉に変色し、一斉に消える。芯物の場合は、芯の部分全体ができるだけ丸く大きく開き、その中心が一点に合わさる。それぞれの条件は単純だが、同じように細心の作業をしても、全てを満たす満足のいく花火玉は、年に数えるほどしか生まれないとのことである。

2 形の乱れやゆがみは、見た目の美しさを半減させる。花火作りは、内包する部品作りから組み立てにいたるまでほとんどが手作業で、その良しあしや精度が、開花した時の姿に大きく影響する。丁寧（ていねい）な作業を積み重

1 よく出る ――線①にあてはまらないものを選びなさい。

ア　ゆがみがなく、丸く大きい。

イ　はっきりした発色で、一斉に変色し、一斉に消える。

ウ　芯が小さく開き、中心が一点に合わさる。

（　　）

2 花火師は、どうすることで、花火を理想の姿に近づけていくのですか。

部品作りから組み立てにいたるまで、丁寧な［　　　］を積み重ねること。

答えと解説

1 ウ

1段落で、**花火師が理想とする花火の姿**がどのようなものかを説明している。ウは、「芯が小さく」の部分が誤り。

2 手作業

手作業の良しあしや精度が、開花した時の姿に影響するので、丁寧に行うのである。

漢字を読もう！　①跡形　②誇る　③魅力

←答えは左ページ

ねることで、理想の姿に近づけていくのだと花火師は言う。

3大きく整った球体となって開花するためには、花火玉を、上昇から落下に転ずる一瞬(いっしゅん)止まった時に開かせることが欠かせない。動きの途中で開くと、花の形がゆがんで丸く開かない。②**このタイミングを合わせるために、打ち上げる技術にも気を配る**。

4花火玉が開いて、星が一斉に飛び散って作る全体の形のことを「盆」という。花火が開く時の直径は、花火玉の大きさでおおよそ決まっているが、それをより大きく見せ、理想的な盆にするために、星を正確に敷き詰(つ)め、加えて、割火薬(わりかやく)の爆発力と、玉皮(たまかわ)の強度などのバランスを追い求める。

5花の花弁や芯になぞらえられる星は、花火の命といわれる。全ての星が一糸乱れず均等に飛び、同時に変色し、消えなければならない。内包する数百の星を均質に仕上げるために、花火師は星の製作に最も神経をつかう。形や燃え方にふぞろいがあれば、その星はまっすぐに飛ばない。いくつかの星が蛇行することを「星が泳ぐ」、着火しない星があって均等に広がった光の一部が欠けることを「抜け星」という。いずれも、③**理想とする花火の姿**を破綻させてしまう要因になる。

〔小野里(おのざと)公成(きみなり)「日本の花火の楽しみ」による〕

3 ――線②とありますが、どのタイミングで花火を開かせるとよいのですか。

花火玉が上昇から(　　　)に転ずる一瞬(　　　)時。

4 花火について、次のものを何と呼びますか。

(1) 星が一斉に飛び散って作る全体の形。(　　　)

(2) 花の花弁や芯になぞらえられるもの。(　　　)

5 ――線③とありますが、理想とする花火のために、花火師が最も神経をつかうのは、どの作業ですか。

(　　　)の製作。

6 よく出る 3段落以降には、どのような内容が書かれていますか。選びなさい。

ア 花火を作る手順。

イ 理想の花火に近づけるための花火師の工夫や努力。

ウ 理想とする花火の形や変化。(　　　)

3 落下・止まった

「**このタイミング**」の指す内容を読み取る。花火師が、非常に**高度な技術**をもって、花火を打ち上げていることがわかる。

4 (1)盆 (2)星

4**段落**では「**盆**」について、5**段落**では「**星**」について説明している。

5 星

「星」は「**花火の命**」といわれる。「命」とは、**最も重要な部分**のたとえ。

6 イ

1段落で**理想の花火の姿**、2段落で**花火作り**について述べ、3段落以降で**花火師たちの具体的な工夫や努力**を詳しく説明している。

漢字で書こう！ ①あとかた ②ほこ(る) ③みりょく
答えは右ページ➡

テストに出る！

予想問題

次の文章を読んで、問題に答えなさい。

解答 p.2　30分　/100点

　花火玉が開いて、①星が一斉に飛び散って作る全体の形のことを「盆」という。花火が開く時の直径は、花火玉の大きさでおおよそ決まっているが、それをより大きく見せ、理想的な盆にするために、星を正確に敷き詰め、加えて、割火薬の爆発力と、玉皮の強度などのバランスを追い求める。

　花の花弁や芯になぞらえられる星は、花火の命といわれる。全ての星が一糸乱れず均等に飛び、同時に変色し、消えなければならない。②内包する数百の星を均質に仕上げるために、花火師は星の製作に最も神経をつかう。形や燃え方にふぞろいがあれば、その星はまっすぐに飛ばない。いくつかの星が蛇行することを「星が泳ぐ」、着火しない星があって均等に広がった光の一部が欠けることを「抜け星」という。いずれも、理想とする花火の姿を破綻させてしまう要因になる。

　それぞれの星の色合いや変色の具合も、観客の目を楽しませることができるかどうかに影響する。花火の完成度を高めるためには、色の変化の多さだけではなく、理想の色に見えるか、また、足並みがそろって同時に変化しているかが重要だ。

　花火が消える時には、全ての星が一つも残らず一斉に燃え尽きて、全体が一瞬で消えるのが理想で、これを③「消え口がよい」と評価する。消え際のよい花火は強烈な余韻を残し、開いている時の華やかさとの落差が、より鮮烈な印象とはかなさを見る者の心

---

(2) よく出る 「星」の理想の姿にあてはまらないものを次から一つ選び、記号で答えなさい。〔10点〕

ア　理想の色に見える。　イ　均等に飛ぶ。
ウ　不規則に蛇行する。　エ　一斉に色が変化する。

2 ――線②「内包する……神経をつかう。」とありますが、これ以外に、理想の花火の姿を実現するために花火師はどんな努力をしていますか。それが具体的に書かれた一文を文章中から探し、はじめの五字を抜き出しなさい。〔10点〕

3 ――線③「消え口がよい」とは、どういう意味ですか。□に合うように書きなさい。〔14点〕

花火が消える時に、□という意味。

4 よく出る ――線④「花火は……消え去る時にようやく完結する芸術となる」とありますが、それはなぜですか。次から一つ選び、記号で答えなさい。〔10点〕

ア　開花時と消えた後との落差が心に強烈な印象を残すから。
イ　花火師の腕前は、消え口のよさに最もよく表れるから。
ウ　心中で思い返して初めて花火の良しあしがわかるから。
エ　消え残る星が、華やかさとはかなさを感じさせるから。

漢字を読もう！　①破綻　②上昇　③欧米
←答えは左ページ

に焼きつける。花火師が丹精をこめて作った④花火は、こうして夜空で咲き、消え去る時にようやく完結する芸術となるのだ。

⑤現在の花火大会では、一発のできばえはもちろんのこと、それを連続して打ち上げる時の組み合わせやリズムといった演出面も、観客を楽しませるという観点から重要となっている。さらに、追い求めてきた丸く開く花火だけでなく、その技術をもとに、さまざまな形やこれまでにない動きをする花火も生み出され続けている。

こうして、熟練された花火師によって作られる日本の花火は、世界に誇ることのできる水準となっている。だが、誰もがその仕組みや価値を確認するために、花火を見ているわけではないだろう。花火は、大きな音とともに華やかに夜空に咲き、その直後には跡形もなく消えてなくなってしまう。その印象が、心の中にのみ残るので、人々は何度も見たいと思うのだろう。その一瞬の成果の背後には、花火師たちの高い技術が隠されている。古来より、情緒、風情(ふぜい)といった感覚をよく理解し、求める日本人にとって、華やかさとはかなさとを同時に味わえる花火は、実に琴線にふれる、⑥味わいに富んだ芸術なのだと思う。

〔小野里(おのざと)公成(きみなり)「日本の花火の楽しみ」による〕

1 ――線①「星」について答えなさい。

(1)「星」は、別の言い方で何といわれていますか。文章中から四字で抜き出しなさい。〔10点〕

5 ――線⑤「現在の花火大会」について説明した次の文の［A］・［B］にあてはまる言葉を、文章中から抜き出しなさい。8点×2〔16点〕

観客を楽しませるための［A］面が重要となり、さらに、さまざまな形やこれまでにない［B］の花火が生み出され続けている。

A
B

6 やや難 日本の花火についての説明として適切なものを次から一つ選び、記号で答えなさい。〔10点〕

ア 夜空に咲いた後、跡形もなく消えるのが、日本の花火の特徴(とくちょう)だ。
イ 日本人は、その仕組みや価値を確認しながら花火を見ている。
ウ 高水準な日本の花火は花火師たちの技術に支えられている。
エ 日本の花火は、近年になって世界の水準に追いついてきた。

7 よく出る ――線⑥「味わいに富んだ芸術」とありますが、それはなぜだと筆者は考えていますか。次の文の［A］・［B］にあてはまる言葉を、文章中から抜き出しなさい。10点×2〔20点〕

花火は、［A］を同時に感じさせる点で、［B］といった感覚を解する日本人の心を打つから。

A	B

漢字で書こう！ ①はたん ②じょうしょう ③おうべい
答えは右ページ➡

水の山　富士山

教科書 p.54〜p.60

要旨（ようし）

◇富士山はそれ自体が巨大な水脈である。富士山の降水は地下水となって溶岩流に沿って山麓へ流れ、豊かな自然環境を育むとともに、人々の生活を支えている。

5分間攻略ブック p.4

テストに出る！ ココが要点

富士山の水（教 p.55〜p.57）▶予想問題

●富士山に降った雨はどこへ行ったのか。
●富士山の水の恵みは、どのようにしてもたらされるのか。
●富士山の調査と考察
・調査①　富士山内部の構造
・調査②〜③　地下水の流れ方→二つの地層の間を流れていた。
・調査④　（樹海）　水は溶岩流に沿って四方八方へ。

テストに出る！ 予想問題

解答 p.3

30分　100点

次の文章を読んで、問題に答えなさい。

1ところで、富士山自体には、その山腹に一筋も河川がない。実際に富士山に登ってみると、雪解け水や雨は流れをつくることなく、地面にしみ込んでしまう様子が見られる。富士山に降った大量の雨は、どこへ行ってしまったのだろうか。また、富士山からの水の恵みは、どのようにしてもたらされるのだろうか。

2そこで、富士山の内部の構造について調べてみた。富士山を断面図にして見てみると、富士山は三つの火山が積み重なってできていることがわかる。約六十万年前に噴火してできた古い火山がいちばん下にある。これを、約十万年前に再噴火してできた火山

山腹と湧水の間の裾野に広がる青木ヶ原（あおきがはら）樹海に入って調べてみた。樹海には、溶岩流が流れた跡にできる巨大（きょだい）な洞穴が数多く存在する。直径十メートル以上の洞穴が、長さにして五百メートル以上続くこともある。洞穴の中には、地下水が地層からしみ出ている場所もある。洞穴内の水は、千メートル以上の標高差を下ってきたことも、調査の結果からわかっている。すなわち、富士山はそれ自体が、時期の異なる二つの地層に挟（はさ）まれた巨大な水脈であり、山頂や山腹にもたらされた降水は、溶岩流に沿って四方八方へと流下していたのである。

〔丸井（まるい）敦尚（あつなお）「水の山　富士山」による〕

1　――線①「古い時代の二つの火山」ができた時期を、文章中からそれぞれ抜き出しなさい。　10点×2〔20点〕

2　よく出る　――線②「富士山の表面には河川がない」とありますが、それはなぜですか。文章中の言葉を使って書きなさい。　〔20点〕

3　――線③「約一万年前からの……重ねてみる。」とありますが、この結果、筆者はどのような仮説を立てましたか。それが書かれた一文を文章中から抜き出し、初めの五字を書きなさい。　〔15点〕

漢字を読もう！　①麓　②粘り気　③湧水

←答えは左ページ

が覆っている。この火山は三千メートルに達し、ほぼ現在の富士山の形状をなしている。さらに、一万年前から始まった噴火により、現在見られる富士山ができあがった。つまり、私たちが見ている富士山の下には、①古い時代の二つの火山が埋(う)もれているのである。

3 溶岩には、冷えて固まる時にガスが抜けてできた、スポンジのような細かな穴がある。富士山の表面はこの冷えた溶岩に覆われているため、水は溶岩の穴を通って地中にしみ込んで地下水となっている。そのため、②富士山の表面には河川がないのである。

4 加えて、富士山の溶岩は、国内の火山としては粘り気が少なく、遠くまで流れていくという特質をもつ。そのため、富士山は均整のとれた円錐(えんすい)形になり、広い裾野(すその)をもつことになった。そして、裾野では、地下水となって遠くまで流れてくる水を利用して、多くの人々が暮らすようになったのである。

5 続いて、このような構造になっている富士山の地下で、水がどのように流れているかを調べることにした。③約一万年前からの噴火で積み重なった溶岩流を、富士山麓の湧水と重ねてみる。すると、溶岩流の末端部に湧水があることがわかる。もしかしたら、溶岩流が、地下水の流れる道となっているのかもしれない。

6 そこで、④実際に地下水の流れ方を調べてみた。白糸(しらいと)の滝や陣馬(じんば)の滝では、約一万年前以降の新しい溶岩と、新しい溶岩流に押しつぶされて硬(かた)くなった十万年前の溶岩との間から湧(わ)き出した水が、滝となっている。すなわち、地下水は古い地層にはしみ込まず、上にあるスポンジのような新しい地層との間を流れていたのである。

7 この地下水が富士山につながっているかどうかを確認するため、

---

4 ——線④「実際に地下水の流れ方を調べてみた」とありますが、地下水は、どこを流れていたのですか。次から一つ選び、記号で答えなさい。〔10点〕

ア 古い地層の下。　イ 古い地層と新しい地層の間。

ウ 新しい地層の中。　エ 新しい地層と表土の間。

□

5 よく出る ——線「富士山からの水の恵みは……もたらされるのだろうか」という問いの答えとして適切なものを次から一つ選び、記号で答えなさい。〔15点〕

ア 富士山にもたらされた降水が、溶岩の表面を流れて裾野まで広がるうちに地下にしみ込み、地下水になる。

イ 富士山にもたらされた降水が地下にしみ込み、粘り気の少ない溶岩が山麓へ流れるのとともに流れる。

ウ 富士山にもたらされた降水が、樹海の洞穴の中に集まり、その後、地下水になって四方八方へと流れる。

エ 富士山にもたらされた降水が、溶岩の穴から地下にしみ込み、溶岩流に沿って山麓へと流れる。

□

6 やや難 次の内容にあてはまる段落を文章中から探し、段落番号で答えなさい。完答10点×2〔20点〕

① 問いを投げかけている段落　□段落

② 富士山の構造について説明した段落　□～□段落

漢字で書こう！ 答えは右ページ➡　①ふもと　②ねば(り)け　③ゆうすい

言葉の小窓1　敬語

確認

◆敬語には、尊敬語、謙譲語、丁寧語、美化語がある。相手や場によって、適切に使い分けることで、よりよい人間関係を築くことができる。

テストに出る！ココが要点

●尊敬語…動作などの主体である人物を高めて言う言葉。

（目上の人の動作に使う。）

例先生が昼食を召しあがる。

→「召しあがる」のは先生。先生を高めている。

●謙譲語…動作が向かう先などを高めて言う言葉。

（自分や身内の動作に使う。）

例先生に本をさしあげる。

→「さしあげる」のは自分。

「さしあげる」相手は先生。先生を高めている。

●丁寧語…改まった場面などで相手に対して丁寧に述べる言葉。

例僕は、二年生です。

●美化語…物事を上品に美しく言う言葉。

例お水を飲む。

例題

1 ――線の敬語の種類を選びなさい。

① 先生をご案内する。（　　）

② 先生が本を読まれる。（　　）

③ これから出かけます。（　　）

答えと解説

1 ①イ　②ア　③ウ

①「お(ご)～する」は謙譲語。

②「～れる」「～られる」は尊

テストに出る！予想問題

解答 p.3　20分　100点

1 よく出る ――線の敬語の種類をあとから一つずつ選び、記号で答えなさい。　4点×5〔20点〕

① 進学について先生にご相談する。

② 会場は、あちらでございます。

③ 姉といっしょにお芝居を見に行く。

④ 出されたお茶を、おいしくいただく。

⑤ お客様からのご意見を参考にする。

ア 尊敬語　イ 謙譲語
ウ 丁寧語　エ 美化語

①
②
③
④
⑤

2 次の語を、【　】内の敬語に書きかえなさい。　5点×6〔30点〕

① 食べる【尊敬語】　② もらう【謙譲語】　③ 立派【尊敬語】

④ 元気だ【丁寧語】　⑤ 米【美化語】　⑥ めし【美化語】

①	②
③	④
⑤	⑥

漢字を読もう！　①違う　②忘れる
←答えは左ページ

ア　尊敬語
イ　謙譲語
ウ　丁寧語

2　「お菓子」のように、物事を上品に美しく言う言葉を何といいますか。

（　　　）

3　――線の言葉の敬語を選びなさい。ただし、【　】内の敬語を選ぶこと。

①　先生が絵を見る。【尊敬語】（　　）
②　先生が描いた絵を見る。【謙譲語】（　　）
③　先生が家に来る。【尊敬語】（　　）
④　先生の家に行く。【謙譲語】（　　）

ア　うかがう
イ　いらっしゃる
ウ　拝見する
エ　ご覧になる

4　――線を丁寧語に直しなさい。

・今日から、夏休みだ。

（　　　）

敬語。
③「です」「ます」「でございます」は丁寧語。

2　美化語
話し相手や話題の人物に関係なく、物事を上品に美しく言う言葉。

3　①エ　②ウ　③イ　④ア
尊敬語は「お（ご）〜なさる」「お（ご）〜になる」、謙譲語は「お（ご）〜する」をよく使うが、敬意を表す特別な言葉もあるので注意する。

4　例　夏休みです
丁寧語に直すには、文末を「です」「ます」「でございます」とする。

3　よく出る　――線の敬語が正しければ○を書き、まちがっていれば、正しい敬語に直しなさい。　5点×4〔20点〕

①　私が先生に手紙をお渡しになる。
②　社長がスピーチをなさる。
③　先生が生徒たちのパーティーに参る。
④　先生から貴重な資料を拝借する。

①	②
③	④

4　やや難　次の言葉を、敬語を使って（　）のような場面にふさわしい言い方に直しなさい。　10点×3〔30点〕

①　（兄の友人からの電話を受けた場合）
「お兄ちゃんは、今出かけているよ。」

②　（手紙をくれた先生にお礼を伝える場合）
「先生から手紙をもらって、感動した。」

③　（先生に母からの伝言を伝える場合）
「お母さんが、先生に聞きたいことがあると言っていた。」

漢字で書こう！　①ちが（う）　②わす（れる）
答えは右ページ➡

夢を跳ぶ
言葉の小窓2　話し言葉と書き言葉

主題

◇病気で右足を失った筆者は、スポーツを心の支えとして、困難を乗り越えてきた。その経験から、夢をもって試練を乗り越えようとすることの大切さを訴えている。

5分間攻略ブック p.5

テストに出る！ ココが要点

病気との闘いと走ることとの出会い（教 p.72～p.74）▼予想問題

●スポーツ好きの「私」にとって、足は命と同じくらい大事。

●大学に戻ったものの、泣いてばかり。→目標をもたなければ。

●スポーツ義足で走るランナーに刺激を受ける。

テストに出る！ 予想問題

解答 p.4

30分　100点

1 次の文章を読んで、問題に答えなさい。

病気がわかり、医師から手術が必要なことと、膝から下は残せないことを説明されて、私はショックで声が出なかった。泣きそうになっている私の気持ちを察してか、そばにいた母が、

「娘は子どもの頃からずっとスポーツをやってきて、足は命と同じくらい大事なんです。」

と①私の心の叫びを代弁してくれた。

それに対して医師は、

「今は生活に支障がないほどのよい義足ができています。スポーツだって、またできるようになるでしょう。」

と説明してくれた。

恐怖と不安で真っ暗な中にいた私だったが、「スポーツができる。」という言葉に光を感じ、②がんばって病気に立ち向かってみ

1 よく出る ——線①「私の心の叫び」とはどのようなことですか。〔20点〕

2 よく出る ——線②「がんばって病気に立ち向かってみよう」とありますが、このような気持ちに変わったのはなぜですか。「……と考えたから。」に続くように書きなさい。〔15点〕

と考えたから。

3 ——線③「喜びがこみあげてきた」とありますが、どのようなことに対する喜びですか。適切でないものを次から一つ選び、記号で答えなさい。〔10点〕

ア　十か月ぶりになつかしい大学の友達に会えるということ。

イ　闘病生活とは異なる、普通の大学の生活に戻れるということ。

ウ　抗がん剤の苦しい治療がやっと終わったということ。

エ　将来の自分の目標が定まったということ。

4 ——線④「授業が終わればすぐにアパートに引き籠もるようになり、泣いてばかりいた。」とありますが、なぜですか。□にあてはまる言葉を、文章中から八字で抜き出しなさい。〔10点〕

漢字を読もう！　①憧れ　②麻酔　③膨らむ　←答えは左ページ

ようと思えたのだった。

手術とそのあとの抗がん剤の苦しい治療が終わり、十か月ぶりにようやく大学のキャンパスに戻った時は、③喜びがこみあげてきた。

ところが、友達の話題の中心は就職活動で、将来や未来へ向かう明るいものばかりだった。義足とウィッグを着けるようになった私は、一人取り残されたように感じた。④授業が終わればすぐにアパートに引き籠もるようになり、泣いてばかりいた。同時に、「このままでは本当にだめになる。⑤何か目標をもってここから脱出しなくてはいけない。でも何ができるのか。」と繰り返し考えていた。

そんな日々が一か月近くも続いた頃、スポーツだったら私は目標をもってがんばれるだろうと気がついた。すぐに、インターネットで障がい者のためのスポーツ施設を探し、プールに行くことにした。プールサイドで義足をはずして泳ぎ始めると、うまく水をキックできないし、バランスも上手にとれない。でも、少しずつではあったが、体が水に慣れていった。

ある日、義肢装具士のかたに誘われて陸上競技場に行き、スポーツ義足で走るランナーを初めて目にした。軽やかに疾走する姿に刺激を受け、私も走ってみることにした。まずは日常生活用の義足で走る練習をし、走れるくらいまで体が戻ってきたところでスポーツ義足を着けるようになった。スポーツ義足でバランスをとるのは難しく、最初は転んでばかりだった。痛みもひどかった。

それでも走れることがうれしくて練習を続けた。

〔谷（たに）真海（まみ）「夢を跳（と）ぶ」による〕

将来や未来へ向かって就職活動をする友達から、［　　　　　　　　］ように感じたから。

5 ――線⑤「何か目標をもってここから脱出しなくてはいけない。でも何ができるのか。」と考えたとき、筆者はどのような気持ちでしたか。次から二つ選び、記号で答えなさい。 10点×2〔20点〕

ア 少しでも早く就職活動をしなければならないというあせり。
イ 足を失った自分に何ができるだろうかという不安。
ウ 自分を一人仲間はずれにした友人たちへのうらみ。
エ 障がい者のスポーツに対する偏見（へんけん）があることへの憤（いきどお）り。
オ 何か目標をもつべきなのにそれが見つからないもどかしさ。

［　］［　］

6 やや難 筆者が、転んでばかりだったのにスポーツ義足で走る練習を続けたのは、なぜですか。文章中の言葉を使って書きなさい。 〔15点〕

［　　　　］

2 次の――線の話し言葉を、書き言葉としてふさわしい言い方に直しなさい。 5点×2〔10点〕

① 時間に遅れちゃった。→［　　］
② 漢字の練習をしてる。→［　　］

漢字で書こう！ ①あこが（れ） ②ますい ③ふく（らむ）
答えは右ページ➡

教科書 p.84～p.85／p.90～p.91

SNSから自由になるために

漢字の広場2　漢字の成り立ち

テストに出る！
ココが要点

SNSでのトラブルを避けるには（教 p.84～p.85）▶予想問題

- SNSは多くの人が見る公の場であることを意識する。
- SNS内の行為を気にしすぎないようにする。

●リアルな生活や人間関係にマイナスになるならば利用しない。

要旨

◇SNSでは、さまざまなトラブルが起きている。自由な立場でSNSを利用するには、どうやってうまくつき合っていくのかを意識することが大切である。

5分間攻略ブック p.6

テストに出る！
予想問題

解答 p.4　30分　100点

1 次の文章を読んで、問題に答えなさい。

①SNS上でトラブルが起こりやすいのは、SNSが②文章や写真を中心に行われるコミュニケーションツールだからである。

一般的には言語による情報よりも、口調や話す速さ、見た目や表情、身振り手振りなど、言語以外で伝わる情報のほうが多いといわれている。例えば、「嫌い」と言われた場合、「嫌い」という言語情報よりも、相手の表情や口調などから、本当に嫌いなのか、それとも相手が好意の表れとして、あえてその言葉を口にしたのかを図るということだ。日常でも声が聞こえない手紙では伝わりにくいと感じた経験はないだろうか。

さらに、SNSでは、極端に短い文や写真でコミュニケーションされる。そのため前後の文脈がわからず、チャットのようなスピードで時間をあけずにやりとりされるため、感情的にもなって

1 ――線①「SNS上でトラブルが起こりやすい」とありますが、それはなぜですか。適切でないものを次から一つ選び、記号で答えなさい。〔15点〕

ア 短い時間でやりとりするので、感情的になりやすいから。
イ 短い文や写真では、文脈がわからないことがあるから。
ウ 表情や口調、身振り手振りが見えず、伝わる情報が少ないから。
エ 一対多のコミュニケーションでは言語情報が伝わりにくいから。

2 ――線②「文章や写真を中心に行われるコミュニケーションツール」とありますが、似たようなコミュニケーションツールの例として、SNSの他に何が挙げられていますか。文章中から二字で抜き出しなさい。〔15点〕

3 よく出る ――線③「『人とつながりたい』という社会的欲求や、『他人に認められたい』という承認欲求」は、一方で、どんな感情を生み出しますか。文章中から三十九字で抜き出し、初めと終わりの五字を書きなさい。〔10点〕

～

漢字を読もう！　①隣人　②岬　③竹串
←答えは左ページ

しまう。トラブルになりやすいのは当然といえるだろう。

ＳＮＳは電話やメールのように一対一ではなく、一対多でやりとりされる。伝えることが目的というよりも、つながること自体が目的となる。③「人とつながりたい」という社会的欲求や、「他人に認められたい」という承認欲求を満たしてくれる。と同時に、他者と比較することで落ちこんだり、使い続けなければ仲間はずれにされたりする恐怖とも表裏（ひょうり）一体である。

では、トラブルを避（さ）けるためにはどうすればよいだろうか。

まずＳＮＳは多くの人が見る公の場であることを常に意識することだ。気軽に書き込んだことでも炎上につながることや、友達との仲が壊れてしまうこと、自分の人生を棒に振ってしまうことがある。誰かが不快に思う可能性があることは決して書かないことである。

また、ＳＮＳ内の行為（こうい）を気にしすぎないことである。つながっていることが友達という意味ではない。承認欲求に振り回され、他人が期待する自分を演じ、他人から求められるとおりに返事をしないことである。

自由がうたわれているはずのＳＮＳ。しかし、ＳＮＳに振り回されている状態は不自由であり、自分の人生を生きられない。ＳＮＳはあくまでもリアルな世界を補完するコミュニケーションツールである。リアルな生活や人間関係が第一であり、それにマイナスになるようであれば利用すべきではない。④自由な立場でＳＮＳを利用するためにも、「どうやってうまくつき合っていくのか」を意識することが、大切なのではないだろうか。

〔高橋（たかはし）暁子（あきこ）「ＳＮＳから自由になるために」による〕

4 ――線④「自由な立場でＳＮＳを利用するためにも……意識する」について答えなさい。

(1) ややこ難 筆者は、どんな場合にはＳＮＳを利用しないほうがよいと述べていますか。二十五字以内で書きなさい。〔20点〕

(2) よく出る ＳＮＳと「うまくつき合っていく」ためには、具体的にどんなことが大切なのですか。文章中から二つ抜き出し、それぞれ初めと終わりの五字を書きなさい。10点×２〔20点〕

2 次の漢字の成り立ちを後から一つずつ選び、記号で答えなさい。5点×４〔20点〕

① 末　② 錮　③ 馬　④ 峠

ア 象形文字　**イ** 指事文字　**ウ** 会意文字　**エ** 形声文字

①　②　③　④

漢字で書こう！　答えは右ページ➡　①りんじん　②みさき　③たけぐし

「ここにいる」を言う意味

ココが要点

「ここにいる」を言う難しさ（教 p.100）▼予想問題

●社会福祉団体を訪問した経験。
・**当事者**は団体名や差出人名を隠すように要望。
・**活動周知**の術も少なく、助けを必要とする人につながりにくい。
↓日本の当事者には、「ここにいる」を言うように求めにくい。

予想問題

解答 p.5　30分　100点

次の文章を読んで、問題に答えなさい。

①困った時に声を上げるか、上げないか。複雑な要素をふくむこともあり、人としてすべき、すべきでないはその時の状況による。当事者でもない者が必ずしも口を挟めるわけではない。

数年前にテレビ番組の取材で、私は国内のある社会福祉団体を訪問した。売れ残って捨てられそうになった食品等を、所得の低い人々に提供するのが事業の中心だ。活動拠点にしている建物を訪ねると②当事者は居らず、職員が送り出す食糧の荷造りを黙々とやっているだけだった。

③代表者に話を聞くと、送り先の一人ひとりはとても助かっていると言う。だが、団体名が入った車での配達や、個別訪問は困る

要旨

◇日本では低所得者、性的少数者などが「ここにいる」と声を上げることが困難な側面がある。「いる」を言うことの意味に一人ひとりが思いを寄せることが大切だ。

(2)「声を上げる」とは、ここではどういう意味ですか。次から一つ選び、記号で答えなさい。

ア 困窮しているときに、思わず弱音を吐いてしまうこと。
イ 似たような境遇にある人同士で本音を話し合うこと。
ウ 困難な状況にある知人に、支援の手を差し伸べること。
エ 苦しい状況を社会に訴えたり助けを求めたりすること。

2 ——線②「当事者は居らず」について答えなさい。　10点×2〔20点〕

(1)「当事者」とは、ここではどのような人のことを指していますか。文章中から七字で抜き出しなさい。

(2)「当事者は居らず」という状況とは対照的な状況が書かれている一文を文章中から抜き出し、初めの五字を書きなさい。

3 よく出る ——線③「代表者に話を聞くと」とありますが、代表者の話から、日本の福祉についてどんなことがわかりますか。次から二つ選び、記号で答えなさい。　10×2点〔20点〕

事情があるらしく、物を送る際に差出人名を印刷した箱は使わないで、宅配便で配達してほしいという要望があるらしい。活動周知も、役所の窓口にチラシを置いてもらう他に術（すべ）はなく、一対一で助けを必要とする人にはつながりにくいという現実があると言っておられた。

アメリカでも、同じ名前の団体が、ほぼ同質の活動を展開している。しかし食糧をもらいに、毎週周囲に住む低所得者が続々と集い、交流の空間として盛り上がっている。明るく真剣に、互いの苦境に向き合っている。

「ここにいるよ」、と声を上げる勇気。言うのは簡単だけれど、声を上げることで子供が受けるかもしれないイジメや、親戚に迷（めい）惑（わく）をかけるのではないかというストレスを想像すると、なかなか日本の当事者には求められないと現場では納得した。

〔ロバート・キャンベル『「ここにいる」を言う意味』による〕

1 ——線①「困った時に声を上げる」について答えなさい。 10点×2〔20点〕

(1) 「困った時に声を上げる」と同じ意味を表す部分を文章中から十五字で抜き出しなさい。（記号・句読点も字数に含む。）

ア 職員たちには、状況を改善しようとする気力がないこと。
イ 助けが必要な人と直接つながる手段が限られていること。
ウ 福祉団体は、当事者の声を聞かず一方的に支援していること。
エ 当事者は、支援を受けていることを隠そうとしていること。

4 やや難 日本の当事者が「声を上げる」ことをためらうのはなぜですか。□に合うように書きなさい。〔20点〕

声を上げることで、

。

5 よく出る この文章から読み取れる筆者の考えとして、適切なものを次から一つ選び、記号で答えなさい。〔20点〕

ア 日本の困窮者は、苦境に負けることなく勇気をもって、「ここにいる」と声を上げていくべきだ。
イ 日本では、複雑な事情を抱える困窮者に対し、第三者から声を上げるように求めることは難しい。
ウ 日本の困窮者は、明るく真剣に苦境と向き合っているアメリカの困窮者を見本にするとよい。
エ 日本の困窮者を救うため、現在の福祉団体の在り方を改善し、明るい交流の空間を作りたい。

漢字で書こう！ ①しんけん ②しんせき ③ふくし
答えは右ページ➡

紙の建築

教科書 p.106～p.113

テストに出る！ ココが要点

建築家の使命とは（教 p.109～p.112）▶予想問題

- 避難所の間仕切りを提供した。→被災者のプライバシーを守る。
- 自治体と防災協定を結んだ。→熊本地震で迅速に対応できた。
- 住環境を改善するのが建築家の使命と考えている。

要旨

◆筆者は、建築家としてのボランティア活動で「紙管」を構造材に使い避難所の間仕切りなどを開発している。住環境の改善が建築家の使命と考え、活動を続けている。

5分間攻略ブック p.6

テストに出る！ 予想問題

解答 p.5

30分　／100点

次の文章を読んで、問題に答えなさい。

〔筆者は、阪神・淡路大震災の避難所で被災者がプライバシーの確保に苦労していることを聞き、紙管の間仕切りを開発した。〕

二〇一一年三月、東日本大震災が起きました。多くの被災者が、体育館のような仕切りのない場所での避難生活を余儀なくされました。そこではプライバシーがなく、心身ともにまいってしまいます。私は①間仕切りを車に積んで、学生ボランティアとともに避難所を回りました。しかし、自治体の担当者に提案してもなかなか理解してもらえず、八十か所ある避難所のうち、最初に回った三十か所で断られ続けました。

ようやく受け入れてもらえたのは、岩手県の高校の体育館です。避難所を管理していた高校の物理の先生が、すぐやろうと言ってくれました。

……

大きな建物を設計するのも、仮設住宅を設計するのも、避難所用の間仕切りを作るのも、使う人から居心地がいいと喜んでもらえれば、どれも私にとって同じくらいの喜びがあります。住環境を改善するのが建築家としての使命と考え、⑤その信念のもとに活動を続けています。

〔坂茂「紙の建築」による〕

1 ――線①「間仕切り」とありますが、これは、何のために使うのですか。簡潔に書きなさい。〔20点〕

2 ――線②「課題もありました。」について答えなさい。

(1) 「課題」とは、どんなことでしたか。文章中の言葉を使って書きなさい。〔20点〕

(2) よく出る 「課題」を解決するために筆者はどうしましたか。□にあてはまる言葉を、文章中から抜き出しなさい。10点×2〔20点〕

漢字を読もう！　①耐える　②指摘　③伐採

←答えは左ページ

この活動が報道されたことで受け入れが進み、約五十か所の避難所に提供できました。

②課題もありました。東日本大震災では、避難所を訪ね歩き、管理者を説得するのにあまりにも時間がかかってしまいました。そこで、平常時にいろいろな自治体の防災の日にデモンストレーションを行い、理解を得られるようにしたのです。そのかいがあって、いくつかの自治体と私が携わるボランタリー・アーキテクツ・ネットワーク（VAN（ヴィーエーエヌ））が③防災協定を結び、迅速に提供できるようになりました。公式な避難所の設備として、もし災害があって必要になったら、役所がVANに発注し、材料費は役所が出し、施工は私たちがするという協定です。

二〇一六年四月に熊本地震が起きました。余震で建物が倒壊するのを恐れて、避難所や車の中で泊まる避難者のエコノミークラス症候群の危険性が指摘されていました。すでに大分県と防災協定を結んでいたことから、大分県からの支援（しえん）ということで熊本県内の避難所に間仕切りを提供することが決まりました。行政の協力が得られたので普及が非常に早く、一か月半で三十七か所に設置することができました。

私は、常々、④建築家はどうしたら社会に貢献（こうけん）できるかと考えてきました。地震では、人が直接的に被害をこうむるわけでなく、建物が崩れたために、けがをしたり、亡（な）くなったりしています。それは自然災害ではなく、人為（じんい）的な災害です。街の復興のためのプロジェクトでは建築家が必要とされますが、その前に、避難所や仮設住宅という生活環境の悪いところを改善することも、建築家のすべき仕事だと考えます。

平常時に ⓐ［　　　　］を行い、自治体の ⓑ［　　　　］を得られるようにした。

3 ――線③「防災協定」は、その後、何が起こったときに役に立ちましたか。文章中から四字で抜き出しなさい。〔10点〕

［　|　|　|　］

4 やや難 ――線④「建築家はどうしたら社会に貢献できるか」とありますが、筆者が考える「建築家」の仕事として適切でないものを次から一つ選び、記号で答えなさい。〔15点〕

ア 街の復興のためのプロジェクトを一から立ち上げること。
イ 自然災害で壊れた街を再生するために協力すること。
ウ 建物の崩壊による人為的な被害が出ないようにすること。
エ 避難所や仮設住宅などの生活環境を改善すること。

［　］

5 よく出る ――線⑤「その信念」とありますが、その内容として適切なものを次から一つ選び、記号で答えなさい。〔15点〕

ア 使う人から喜んでもらえれば、建築以外の仕事をしても喜びが得られるものだ。
イ 規模の大小にかかわらず、住環境を改善することが建築家としての使命である。
ウ 災害時に避難所の住環境を改善することこそ建築家が最も大事にするべき仕事だ。
エ 仮設住宅の設計という仕事の経験を生かして、いつか大きな建物を設計したい。

［　］

漢字で書こう！ ①た（える） ②してき ③ばっさい
答えは右ページ➡

文法の小窓2 活用のある自立語

確認

◆活用のある自立語は、動詞・形容詞・形容動詞。この三つを用言という。
◆あとにつく言葉によって形を変えることを活用という。

5分間攻略ブック p.19

ココが要点

●動詞の活用形は六種類。
未然形…ナイ・ウ・ヨウが続く。　連用形…マス・テ・タが続く。
終止形…言い切る。　連体形…コト・トキが続く。
仮定形…バが続く。　命令形…命令で言い切る。

●動詞の活用の種類は五種類。「ない」をつけて見分ける。
五段活用　…「ア段＋ない」　上一段活用　…「イ段＋ない」
下一段活用　…「エ段＋ない」　カ行変格活用…「来る」のみ。
サ行変格活用…「する」と「○○する」のみ。

●いろいろな動詞
可能動詞…「……することができる」という意味を表す。
自動詞…動作や作用がそのものだけにとどまることを表す。
他動詞…動作や作用が他に及ぶことを表す。

●形容詞・形容動詞の活用

語例	語幹	未然形	連用形	終止形	連体形	仮定形	命令形
寒い	さむ	―かろ	―かっ ―く ―う	―い	―い	―けれ	○
豊かだ	ゆたか	―だろ	―だっ ―で ―に	―だ	―な	―なら	○
豊かです	ゆたか	―でしょ	―でし	―です	―(です)	○	○

●補助用言…他の語につき補助的なはたらきをする動詞、形容詞。

テストに出る!

予想問題

解答 p.6　20分　100点

1 空欄をうめて、動詞の活用表を完成させなさい。2点×5〔10点〕

語例	未然形	連用形	終止形	連体形	仮定形	命令形
話す	さ そ	①	す	す	②	せ
受ける	③	④	ける	⑤	けれ	けろ けよ

2 よく出る ――線の動詞の活用形を書きなさい。4点×6〔24点〕

① 弟は遅れて来た。　② 値段を下げれば売れる。
③ いっしょに見よう。　④ 毎朝早く起きる。
⑤ その手を離せ。　⑥ 書くことを考える。

①	②
③	④
⑤	⑥

3 よく出る ――線の動詞の活用の種類をあとから一つずつ選び、記号で答えなさい。4点×5〔20点〕

① 君も来ないか。　② みんな大声で笑った。
③ そうじしてから帰る。　④ この服を着てみたい。
⑤ すぐにやめろ。

例題

1 ――線の動詞の活用形を選びなさい。

① 歩かない。（　　）
② 妹が食べる。（　　）
③ 私が借ります。（　　）
④ 運ぶ荷物。（　　）

ア 未然形　**イ** 連用形
ウ 終止形　**エ** 連体形

2 次の動詞の活用の種類を選びなさい。

① 読む（　　）
② 教える（　　）
③ する（　　）
④ 来る（　　）
⑤ 見る（　　）

ア 五段活用　**イ** 上一段活用
ウ 下一段活用　**エ** カ行変格活用
オ サ行変格活用

3 ――線は形容詞か形容動詞のどちらですか。

① 寒くなった。（　　）
② きれいな花。（　　）

答えと解説

1 ①ア　②ウ　③イ　④エ

――線のあとにつく語から考える。
①**ナイ・ウ・ヨウ**→未然形
②**言い切る**→終止形
③**マス・テ・タ**→連用形
④**名詞**→連体形

2 ①ア　②ウ　③オ　④エ　⑤イ

「**ない**」をつけて見分ける。
①読**ま**ない→**ア段**＋ない
②教**え**ない→**エ段**＋ない
⑤**見**ない　→**イ段**＋ない
③サ行変格活用は「**する**」「○○**する**」のみ、④カ行変格活用は「**来る**」のみ。

3 ①形容詞　②形容動詞

終止形が「**い**」で終わると形容詞。終止形が「**だ・です**」で終わると**形容動詞**。

ア 五段活用　**イ** 上一段活用　**ウ** 下一段活用
エ カ行変格活用　**オ** サ行変格活用

①	②	③	④	⑤

4 次の動詞が自動詞ならA、他動詞ならB、可能動詞ならCを書きなさい。　4点×4〔16点〕

① 変える　② 集まる　③ 頼める　④ 助ける

①	②	③	④

5 よく出る ――線が形容詞ならA、形容動詞ならBを書き、文中での活用形をあとから一つずつ選び、記号で答えなさい。（同じ記号を何度使ってもよい。）　3点×8〔24点〕

① とても重要な問題だ。
② 忙しければ、後にしよう。
③ 母は穏（おだ）やかに笑った。
④ 旅行はとても楽しかった。

ア 未然形　**イ** 連用形　**ウ** 終止形
エ 連体形　**オ** 仮定形　**カ** 命令形

①	活用形	②	活用形	③	活用形	④	活用形

6 やや難 次の各組の文のうち、――線が補助用言であるほうを選び、記号で答えなさい。　3点×2〔6点〕

①
ア 新しい服がほしい。
イ この資料を見てほしい。

②
ア 弟は小学生である。
イ 部屋の中にテレビがある。

①	②

漢字で書こう！　①かつやく　②かれ
答えは右ページ➡

敦盛(あつもり)の最期(さいご)――平家(へいけ)物語――

主題

◇「平家物語」は諸行無常(しょぎょうむじょう)の思想を基調とする軍記物語。「敦盛の最期」では、滅びゆく平家への同情的な視点を交え、年若い少年を手にかける直実(なおざね)の苦悩が語られている。

5分間攻略ブック p.7／p.16

テストに出る！ ココが要点

係り結び

● 係りの助詞が用いられると、文末が変わる。

例 笛をぞ、腰にさされたる。←(元の形は「たり」)

係りの助詞	文末	意味
ぞ・なむ	連体形	強調
や・か	連体形	疑問・反語
こそ	已然(いぜん)形	強調

＊「已然形」…古文特有の活用形

作品

● 成立…鎌倉(かまくら)時代。　● 作者…わからない。

● 特徴…• 信濃前司行長(しなののぜんじゆきなが)が琵琶法師(びわほうし)に語らせたのが起こりとされる。

• 諸行無常(しょぎょうむじょう)の思想(無常観)が根底にある。

• 源氏(げんじ)軍(手柄をあげようとする土着の武士たち)と平家(へいけ)軍(都落ちする、貴族と結びついた武士の一族)の合戦を中心に描く。

例題　祇園精舎(ぎおんしょうじゃ)／敦盛(あつもり)の最期(さいご)

◈祇園精舎◈

祇園精舎の鐘の声(こゑ)、諸行無常(しょぎょうむじょう)の響きあり。沙羅双樹(しゃらさうじゅ)の花の色、盛者必衰(じゃうしゃひっすい)の理(ことわり)を**あらはす**。ⓐ　**おごれる人も久しからず**、①ただ春の夜(よ)の夢のごとし。たけき者もつひには滅びぬ、ひとへに風の前の塵(ちり)に同じ。

◈敦盛の最期◈

熊谷(くまがへ)、「あつぱれ、大将軍や。この人一人(いちにん)討ちたてまつたりとも、負くべきいくさに勝つべきやうもなし。また討ちたてまつらずとも、勝つべきいくさに負くることもよもあらじ。小次郎(こじらう)が薄手(うすで)負うたるをだに、直(なほ)

1 〰線ⓐ・ⓑを現代仮名遣(づか)いに直しなさい。

ⓐ(　　　　)　ⓑ(　　　　)

2 「万物(ばんぶつ)は常に移り変わって、不変なものはない」という意味を表す言葉を、【祇園精舎】の文章中から四字で抜き出しなさい。

答えと解説

1 ⓐあらわす　ⓑいずく

ⓐ語中・語尾の「はひふへほ」→「わいうえお」。ⓑ「ぢ」「づ」→「じ」「ず」。

2 諸行無常

このような思想を「無常観」という。「盛者必衰」も似た意味の言葉で「栄えていた者もいつかは必ず勢いが衰える」という意味。

漢字を読もう！　①化粧　②錦　③滅びる
←答えは左ページ

実は心苦しうこそ思ふに、この殿の父、討たれぬと聞いて、いかばかりか嘆きたまはんずらん。②**あはれ助けたてまつらばや。**」と思ひて、後ろをきつと見ければ、土肥、梶原五十騎ばかりで続いたり。熊谷涙をおさへて申しけるは、

「助けまゐらせんとは存じ候へども、味方の軍兵、雲霞のごとく候ふ。よも逃れさせたまはじ。人手にかけまゐらせんより、同じくは、直実が手にかけまゐらせて、後の御孝養をこそつかまつり候はめ。」

と申しければ、

「ただとくとく首をとれ。」

とぞのたまひける。

熊谷あまりにいとほしくて、ⓑ**いづく**に刀を立つべしともおぼえず、目もくれ心も消えはてて、前後不覚におぼえけれども、さてしもあるべきことならねば、③**泣く泣く首をぞかいてんげる**。

「あはれ、④**弓矢とる身ほど口惜しかりけるものはなし**。武芸の家に生まれずは、何とてかかる憂きめをばみるべき。情けなうも討ちたてまつるものかな。」

とかきくどき、袖を顔に押しあててさめざめとぞ泣きゐたる。やや久しうあつて、さてもあるべきならねば、鎧直垂をとつて、首を包まんとしけるに、錦の袋に入れたる笛をぞ、腰にさされたる。

〔「敦盛の最期――平家物語――」による〕

3 よく出る ――線①と対の表現になっている部分を抜き出しなさい。

（　　）

4 よく出る ――線②とありますが、助けたいと思ったのはなぜですか。二つ選びなさい。

ア 若武者があわれに命乞いをするから。
イ 若武者を討てば、その父親が悲しむから。
ウ 相手が身分の高い大将軍だったから。
エ いくさの勝敗はもう決まっているから。

（　）（　）

5 ――線③とありますが、直実が若武者の首を切ったのはなぜですか。選びなさい。

ア ぐずぐずしていては、味方の兵に大手柄を横取りされてしまうから。
イ どうせ助けられないのなら、自ら手にかけて、供養をしたいと思ったから。
ウ 味方の軍勢の前で若武者を逃がしたら、裏切り者と思われるから。

（　）

6 ――線④の理由を選びなさい。

ア 仲間や肉親の命が奪われていくから。
イ 来る日も来る日も戦いが続くから。
ウ 意に反して人を討たねばならないから。

（　）

3 たけき者もつひには滅びぬ

一文めと二文め、三文めと四文めは対の表現になっている。

4 イ・エ

イは「**この殿（＝若武者）の父……嘆きたまはんずらん**」に注目。エは「**この人一人……負くることもよもあらじ。**」に注目。

5 イ

「人手にかけまゐらせんより、……つかまつり候はめ。」に注目。味方の軍勢が迫ってきたので、**他の人に討たれるくらいなら、自らの手で討って供養をしよう**と考えたのである。

6 ウ

「**弓矢とる身**」とは、**武士のこと**。武士であるがゆえに、心ならずも若武者を討たねばならなくなり、つらく思っているのである。

漢字で書こう！ ①けしょう　②にしき　③ほろ（びる）
答えは右ページ➡

テストに出る！

予想問題

1 次の文章を読んで、問題に答えなさい。

解答 p.6　30分　100点

【汀にうち上がらんとするところに、おし並べてむずと組んでどうど落ち、とつて押さへて首をかかんと甲をおしあふのけて見ければ、年十六七ばかりなるが、薄化粧して、かねぐろなり。】わが子の小次郎がよはひほどにて、容顔まことに美麗なりければ、いづくに刀を立つべしともおぼえず。

「そもそもいかなる人にてましまし候ふぞ。名のらせたまへ。助けまゐらせん。」

と申せば、

「なんぢは誰そ。」

と問ひたまふ。

「物その者で候はねども、武蔵の国の住人、熊谷次郎直実。」

と名のり申す。

「さては、なんぢにあうては名のるまじいぞ。なんぢがためにはよい敵ぞ。名のらずとも首をとつて人に問へ。見知らうずるぞ。」

とぞのたまひける。

熊谷、「あつぱれ、大将軍や。この人一人討ちたてまつたりとも、負くべきいくさに勝つべきやうもなし。また討ちたてまつらずとも、勝つべきいくさに負くることもよもあらじ。小次郎が薄手負うたるをだに、直実は心苦しうこそ思ふに、この殿の父、討たれぬと聞いて、いかばかりか嘆きたまはんずらん。あはれ助けたてまつらばや。」と思ひて、後ろをきつと見ければ、土肥、梶原

4 よく出る ――線②「あつぱれ、大将軍や。」にこめられている熊谷の気持ちとして適切なものを次から一つ選び、記号で答えなさい。〔10点〕

ア　若武者の身分の高さを知り、手柄を立てようと意気ごむ気持ち。
イ　若武者の立派なふるまいを、武士として尊敬する気持ち。
ウ　若武者のかたくなな態度に、腹を立てる気持ち。
エ　若武者の自信に満ちあふれた態度に、おじけづく気持ち。

5 ――線③「助けたてまつらばや」の現代語訳として適切なものを次から一つ選び、記号で答えなさい。〔10点〕

ア　お助けできるだろうか。　イ　お助けできないだろう。
ウ　お助け申したい。　エ　お助けしなければならない。

6 やや難 ――線④「よも逃れさせたまはじ。」と熊谷が思ったのはなぜですか。「味方」という言葉を使って、簡潔に書きなさい。〔10点〕

7 ――線⑤「ただとくとく首をとれ。」と言ったときの若武者の気持ちとして適切なものを次から一つ選び、記号で答えなさい。〔10点〕

ア　敵である熊谷のことを、恨んでいる気持ち。
イ　命乞いをしても無駄だと、あきらめている気持ち。
ウ　死ぬことに対して、強い恐怖を感じている気持ち。
エ　武士として、堂々と死を受け入れようとする気持ち。

8 よく出る ――線⑥「泣く泣く首をぞかいてんげる」では、係りの助詞「ぞ」が用いられて文末が「げる」になっています。この関係を何といいますか。〔10点〕

漢字を読もう！　①双樹　②陣　③没落
←答えは左ページ

五十騎ばかりで続いたり。熊谷涙をおさへて申しけるは、「助けまゐらせんとは存じ候へども、味方の軍兵、雲霞のごとく候ふ。④よも逃れさせたまはじ。人手にかけまゐらせんより、同じくは、直実が手にかけまゐらせて、後の御孝養をこそつかまつり候はめ。」

と申しければ、

「⑤ただとくとく首をとれ。」

とぞのたまひける。

熊谷あまりにいとほしくて、いづくに刀を立つべしともおぼえず、目もくれ心も消えはてて、前後不覚におぼえけれども、さてしもあるべきことならねば、⑥泣く泣く首をぞかいてんげる。

〔「敦盛の最期——平家物語——」による〕

1 〰〰線ⓐ「まゐらせん」・ⓑ「なんぢ」を現代仮名遣いに直しなさい。 4点×2〔8点〕

ⓐ
ⓑ

2 【 】内の文章中から、様子や音を表す古文特有の表現を二つ、それぞれ三字で抜き出しなさい。 4点×2〔8点〕

3 ——線①「申せば」の主語（動作主）にあたる言葉を、文章中から抜き出しなさい。 〔8点〕

---

2 次の文章を読んで、問題に答えなさい。

祇園精舎の鐘の声、①諸行無常の響きあり。沙羅双樹の花の色、②盛者必衰の理をあらはす。おごれる人も久しからず、ただ春の夜の夢のごとし。たけき者もつひには滅びぬ、ひとへに③風の前の塵に同じ。

〔「敦盛の最期——平家物語——」による〕

1 よく出る ——線①「諸行無常」とはどのような意味ですか。次から一つ選び、記号で答えなさい。 〔8点〕

ア 一つ一つの物事は一生に一回限りである。
イ その時々の場面の変化に応じて適切な処置を施す。
ウ なりゆきにまかせて、物事をただ見ている。
エ 万物は常に移り変わって、不変なものはない。

2 ——線②「盛者必衰」を言いかえている部分を、文章中から二つ抜き出しなさい。 5点×2〔10点〕

3 ——線③「風の前の塵」とはどのようなもののたとえですか。次から一つ選び、記号で答えなさい。 〔8点〕

ア はかないもの。　イ 役にたたないもの。
ウ 小さいもの。　エ つまらないもの。

漢字で書こう！ ①そうじゅ　②じん　③ぼつらく
答えは右ページ➡

随筆の味わい――枕草子・徒然草――（枕草子）

主題

◆「枕草子」は、宮廷生活での見聞などを、鋭い感覚で描いた随筆。「春はあけぼの」では、四つの季節について最も風情あるものが、時間帯に注目して描かれている。

5分間攻略ブック p.8／p.16

テストに出る！

ココが要点

作品「枕草子」

● 成立…平安時代

● 筆者…清少納言。一条天皇の中宮であった定子に仕えた。

● 種類…●日本の代表的な随筆文学。

● 特徴…●宮廷生活での見聞、季節の感想、人生についての考えなどが述べられている。

例題　うつくしきもの

①**うつくしきもの**。瓜に描きたるちごの顔。雀の子の、②**ねず鳴きする**に踊り来る。③**二つ三つばかりなるちご**の、急ぎて這ひ来る道に、いと小さき塵のありけるを、目ざとに見つけて、いと**をかしげなる**指にとらへて、大人ごとに見せたる、いとうつくし。頭は尼そぎなるちごの、目に髪のおほへるをかきはやらで、うち傾きて物など見たるも、うつくし。

〔「随筆の味わい――枕草子・徒然草――」による〕

1 〰〰線を現代仮名遣いに直しなさい。

（　　　　　）

答えと解説

1 おかしげなる

助詞以外の「を」→「お」

テストに出る！

予想問題

解答 p.7　20分　100点

次の文章を読んで、問題に答えなさい。

①春はあけぼの。やうやう白くなりゆく山ぎはＡ、すこしあかりて、紫だちたる雲の細くたなびきたる。

夏は夜。②月の頃はさらなり、闇もなほ、蛍の多く飛びちがひたる。また、ただ一つ二つなど、ほのかにうち光りて行くもⓐをかし。雨など降るもをかし。

秋は夕暮れ。夕日のさして山の端Ｂいと近うなりたるに、烏の寝どころへ行くとて、三つ四つ、二つ三つなど飛び急ぐさへあはれなり。まいて雁などのつらねたるが、いと小さく見ゆるは、いとをかし。日入りはてて、風の音、虫の音など、はたいふべきにあらず。

冬はⓑつとめて。雪の降りたるはいふべきにもあらず、霜のいと白きも、またさらでもいと寒きに、火など急ぎおこして、炭持て渡るも、いとⓒつきづきし。昼になりて、ぬるくゆるびもていけば、火桶の火も、白き灰がちになりて③わろし。

〔「随筆の味わい――枕草子・徒然草――」による〕

2 よく出る ――線①について答えなさい。

(1) ――線①の意味を選びなさい。

ア 美しいもの。
イ すばらしいもの。
ウ かわいらしいもの。
（　）

(2) 「うつくしきもの」の例はいくつ挙げられていますか。
（　）つ

3 ――線②の主語（動作主）を選びなさい。

ア 雀の子
イ ちご
ウ 人
（　）

4 ――線③のどのような様子を「うつくし」と感じていますか。

急いで這ってくる途中で、小さな（　）があったのを見つけ、愛らしい（　）でつまんで、見せる様子。

5 よく出る 筆者はどのようなものを「うつくし」と感じていますか。選びなさい。

ア 小さくあどけないもの。
イ 外見がきれいなもの。
ウ いろどり豊かなもの。
（　）

---

2 (1)ウ　(2)四

(1)古語の「うつくし」は現代語の「うつくしい」と**意味が異なる**ので注意。
(2)「瓜に描きたる……」「雀の子の、……」「二つ三つばかりなるちごの、……」「頭は尼そぎなるちごの、……」の四つ。

3 ウ

「（**人が**）ねずみの鳴きまねをすると（**雀の子が**）踊るようにして来る」の意味。

4 塵・指

――線③を含む一文に三回出てくる「**いと**」は、「**とても**」という意味。

5 ア

瓜に描かれた子どもの顔、雀の子の様子、幼児のあどけない様子などを、愛らしく感じている。

---

1 〰〰線ⓐ「をかし」・ⓑ「つとめて」・ⓒ「つきづきし」の意味として適切なものを一つずつ選び、記号で答えなさい。10点×3〔30点〕

ⓐ **ア** こっけいだ　**イ** かわいらしい　**ウ** 趣（おもむき）がある

ⓑ **ア** 早朝　**イ** 正午　**ウ** 深夜

ⓒ **ア** すばらしい　**イ** 似つかわしい　**ウ** みっともない

ⓐ［　］ⓑ［　］ⓒ［　］

2 よく出る ――線①「春」について、筆者はいつの時間帯が趣があると言っていますか。〔15点〕

［　］

3 やや難 ＝＝線A「山ぎは」、B「山の端」の意味として適切なものを次から一つずつ選び、記号で答えなさい。10点×2〔20点〕

ア 山の、空に接している部分。
イ 空の、山に接している部分。

A［　］B［　］

4 よく出る ――線②「月の頃はさらなり」の現代語訳として適切なものを次から一つ選び、記号で答えなさい。〔15点〕

ア 月の形が丸い皿のように美しい。
イ 月が出ているといっそう明るい。
ウ 月が出ている頃は比べようもない。
エ 月の眺めのよい頃はいうまでもない。

［　］

5 ――線③「わろし」とありますが、筆者はどのような様子をこのように言っているのですか。現代語で答えなさい。10点×2〔20点〕

昼になって、ⓐ［　］が和（やわ）らぎ、火桶の火もⓑ［　］が多くなってくる様子。

漢字で書こう！ ①じじょ　②かまくら　③おごそ（か）
答えは右ページ➡

随筆の味わい——枕草子・徒然草——（徒然草）

主題

◆「徒然草」は、鋭い観察や深い思索の中に無常観が表れている作品。「仁和寺にある法師」では、法師の勘違いに対する兼好法師の考えが、最後の一文に述べられている。

➡5分間攻略ブック p.8／p.17

テストに出る！

ココが要点

作品「徒然草」

● 成立…鎌倉時代

● 筆者…兼好法師。歌人・随筆家。

● 種類…日本の代表的な随筆文学。

● 特徴…・人生や自然に対する鋭い観察や思索が述べられている。

・作品には、「無常観」が表れている。

※無常観＝全てのものは移り変わるという考え方。

例題　序段／仁和寺にある法師

◇序段◇

①つれづれなるままに、日暮らし、硯に向かひて、心にうつりゆくよしなしごとを、②そこはかとなく書きつくれば、ⓐあやしうこそものぐるほしけれ。

（序段）

1 よく出る ～～線ⓐ・ⓑを現代仮名遣いに直しなさい。

ⓐ（　　　）　ⓑ（　　　）

2 ——線①の意味を選びなさい。

ア 忙しくて困った様子。
イ 悲しくてつらい様子。
ウ することがなく退屈な様子。（　　）

3 ——線②とありますが、

(1) どんなことを書きつけたのですか。

心にうつりゆく［　　　　］。

答えと解説

1 ⓐあやしゅう　ⓑかたえ

ⓐあや**しう**→あや**しゅう**　ⓑかた**へ**→かた**え**

2 ウ

「**つれづれ**なる」から、「徒然草」という名前がついた。

3 (1)よしなしごと　(2)ウ

(1)「よしなしごと」とは、「**たわいもない**こと」という意味。

漢字を読もう！　①霜　②蛍　③枕
⬅答えは左ページ

◈仁和寺にある法師◈

仁和寺にある法師、年寄るまで、石清水を拝まざりければ、③心憂く覚えて、ある時思ひ立ちて、ただ一人かちより詣でけり。極楽寺・高良などを拝みて、かばかりと心得て帰りにけり。

さて、ⓑかたへの人にあひて、「年ごろ思ひつること、果たしはべりぬ。聞きしにも過ぎて、尊くこそおはしけれ。そも、④参りたる人ごとに山へ登りしは、なにごとかありけん、ゆかしかりしかど、神へ参るこそ本意なれと思ひて、山までは見ず。」とぞ言ひける。

少しのことにも、先達はあらまほしきことなり。

(第五二段)

〔「随筆の味わい――枕草子・徒然草――」による〕

(2) 書きつけていると、筆者はどんな気持ちになるのですか。

ア 悲しい気持ちになる。
イ 楽しい気持ちになる。
ウ おかしな気持ちになる。
(　　)

4 ――線③とありますが、どんなことを残念に思ったのですか。

年を取るまで(　　)に参拝しなかったこと。

5 よく出る ――線④とありますが、人々は何のために山へ登っているのですか。

山の上にある(　　)へお参りするため。

6 法師の話をとおして、筆者はどんな感想を抱きましたか。

ア 理想の案内者にはめったに会えないな。
イ 案内者がいれば失敗しなかったろうに。
ウ こんなにひどい案内者もいるのだなあ。
(　　)

(2)「ものぐるほし」は、「**狂おしい気持ちだ**」という意味。

4 石清水(八幡宮)
石清水八幡宮に参拝したことがなかったので、ある時思い立って、一人で参拝したのである。

5 石清水(八幡宮)
石清水八幡宮は、**山の上**にあるので、みんな山を登っていた。しかし、法師は山のふもとだけを見て、帰ってしまったのである。

6 イ
「先達はあらまほしきことなり」とは「**案内者がいてほしいものだ**」という意味。徒然草では、体験や見聞のあとに、**筆者の感想**がそえられていることがある。

漢字で書こう! ①しも ②ほたる ③まくら
答えは右ページ➡

テストに出る！ 予想問題

解答 p.7　30分　100点

1 次の文章を読んで、問題に答えなさい。

仁和寺にある法師、年寄るまで石清水を①拝まざりければ、心憂く覚えて、ある時思ひ立ちて、ただ一人かちより詣でけり。極楽寺・高良などを拝みて、かばかりと心得て帰りにけり。さて、かたへの人にあひて、「②年ごろ思ひつること、果たしはべりぬ。聞きしにも過ぎて、尊くこそおはしけれ。そも、参りたる人ごとに山へ③登りしは、なにごとかありけん、④ゆかしかりしかど、神へ参るこそ本意なれと思ひて、⑤山までは見ず。」とぞ言ひける。

少しのことにも、⑥先達はあらまほしきことなり。

〔「随筆の味わい――枕草子・徒然草――」による〕

1 ――線①「拝まざりければ」の意味として適切なものを次から一つ選び、記号で答えなさい。〔5点〕

ア　参拝しなかったならば　　イ　参拝しなかったけれども

ウ　参拝したかったことを　　エ　参拝したことがなかったので

2 よく出る ――線②「年ごろ思ひつること」とありますが、具体的にどのようなことですか。現代語で書きなさい。〔10点〕

2 次の文章を読んで、問題に答えなさい。

「奥山に、猫ねこまたといふものありて、人を食らふなる。」と、人の言ひけるに、「山ならねども、これらにも、猫の経上がりて、猫またになりて、人とることはあなるものを。」と言ふ者ありけるを、何阿弥陀仏とかや、連歌しける法師の、行願寺のほとりにありけるが聞きて、①一人歩かん身は心すべきことにこそと思ひける頃しも、ある所にて夜更くるまで連歌して、ただ一人帰りけるに、小川の端にて、音に聞きし猫また、あやまたず足もとへふと寄り来て、やがてかきつくままに、首のほどを食はんとす。②肝心も失せて、防がんとするに、③力もなく、足も立たず、小川へ転び入りて、「助けよや。猫また。よやよや。」と叫べば、家々より、松ども灯して走り寄りて見れば、このわたりに見知れる僧なり。「こはいかに。」とて、川の中より抱き起こしたれば、連歌の賭物取りて、扇・小箱など懐に持ちたりけるも、水に入りぬ。希有にして助かりたるさまにて、這ふ這ふ家に入りにけり。

飼ひける犬の、暗けれど主を知りて、飛びつきたりけるとぞ。

〔「随筆の味わい――枕草子・徒然草――」による〕

1 ――線①「一人歩かん身は心すべきこと」とありますが、法師はどんなことを心配していたのですか。簡単に書きなさい。〔10点〕

漢字を読もう！　①随筆　②尼　③飛び交う

←答えは左ページ

3 ――線③「登りし」・④「ゆかしかりしかど」の主語(動作主)にあたる言葉を、文章中から抜き出しなさい。 5点×2〔10点〕

③
④

4 ――線⑤「山までは見ず」とありますが、その理由が書かれている部分を文章中から抜き出しなさい。〔5点〕

5 ――線⑥「先達はあらまほしきことなり」について答えなさい。

(1) よく出る この意味として適切なものを次から一つ選び、記号で答えなさい。〔5点〕

ア その道の案内者はまちがってはいけないのである。
イ その道の案内者はいないほうがよいのである。
ウ その道の案内者はめったにいないものである。
エ その道の案内者はあってほしいものである。

(2) やや難 筆者がこのように考えたのは、「仁和寺にある法師」がどのような失敗をしたからですか。具体的に書きなさい。〔15点〕

6 ――線「尊くこそおはしけれ」には、係り結びが含(ふく)まれています。係りの助詞を抜き出しなさい。〔5点〕

---

2 よく出る ――線②「肝心も失せて」とありますが、法師が正気を失ったのはなぜですか。「猫また」「首」という言葉を使って、三十字以内で答えなさい。〔15点〕

3 ――線③「力もなく、足も立たず」とありますが、これとほぼ同じ様子を表す言葉を、文章中から四字で抜き出しなさい。〔5点〕

4 よく出る 法師が猫まただと思ったものの正体は、なんでしたか。文章中から五字で書き抜きなさい。〔5点〕

5 やや難【猫また】の話から、筆者はどのようなことを言おうとしたと考えられますか。次から一つ選び、記号で答えなさい。〔10点〕

ア 世の中には、何とも恐ろしい化け物がいるものだ。
イ おびえているときは、全てが恐ろしく見えるものだ。
ウ 本当の敵は、自分の身近にこそ隠れているものだ。
エ あらかじめ用心していれば、危険は避けられるものだ。

漢字で書こう! ①ずいひつ ②あま ③と(び)か(う)
答えは右ページ➡

教科書 p.142～p.145

二千五百年前からのメッセージ
——孔子の言葉——

主題

「論語」は、中国の思想家、孔子と弟子たちの言行を記録した書物。人間のあるべき姿を追求する書物として読み継がれ、日本の文化にも大きな影響を与えた。

5分間攻略ブック p.9／p.17

テストに出る！
ココが要点

返り点

● レ点…一字下から返って読む。

例 知レ之 → 之を知る

● 一・二点…二字以上、下から返って読む。

例 自二遠方一来 → 遠方より来たる

置き字

●「而」「於」など、漢文を日本語として読むときに読まない文字。

例 学而時習レ之 → 学びて時に之を習ふ（而：読まない）

作品

「論語」

● 特徴…・二千五百年以上前の中国の思想家、孔子とその弟子たちの言行を記録した書物。人間のあるべき姿を追求する。

例題 論語

A 子①曰はく、「己の欲せざる所、[　　　　]。」と。

子曰、「己所レ不レ欲、勿レ施二於人一。」（顔淵）

B 子曰はく、「之を知るを之を知ると為し、知らざるを知らずと為す。②是れ知るなり。」と。

テストに出る！
予想問題

解答 p.8　20分　100点

次の文章を読んで、問題に答えなさい。

子曰はく、「①学びて時に之を習ふ、②亦説ばしからずや。[　　　　]、亦楽しからずや。人知らずして③慍らず、④亦君子ならずや。」と。

子曰、「学而時習レ之、不二亦説一乎。有レ朋自二遠方一来、不二亦楽一乎。人不レ知而不レ慍、⑤不二亦君子一乎。」（学而）

〔「二千五百年前からのメッセージ——孔子の言葉——」による〕

1 ——線①「時に之を習ふ」の意味として適切なものを次から一つ選び、記号で答えなさい。〔10点〕

ア しかるべきときに復習する。　**イ** 季節ごとに勉強する。

ウ ときどき自分で考える。　**エ** 毎日実践する。

[　　]

2 よく出る ——線②「亦説ばしからずや」の意味として適切なものを次から一つ選び、記号で答えなさい。〔10点〕

ア きっと喜ぶべきことであろう。

イ なんとうれしいことではないか。

漢字を読もう！　①一般　②孔子　③施す
←答えは左ページ

子曰、「知レ之為レ知レ之、不レ知為レ不レ知。是知也。」（為政）

〔「二千五百年前からのメッセージ——孔子の言葉——」による〕

1 ——線①は誰のことですか。

（　　　　）

2 □にあてはまる「勿レ施二於人一」の書き下し文を選びなさい。

ア　人に施すこと勿かれ
イ　勿かれ施すこと於人に
ウ　施すこと人に勿かれ

（　　　　）

3 よく出る　Aの文では、どのようなことをいさめていますか。選びなさい。

ア　自分がしたくないことをすること。
イ　自分が人のために何かをすること。
ウ　自分がされたくないことを人にすること。

（　　　　）

4 ——線②が指す内容を選びなさい。

ア　知ったかぶりをしないこと。
イ　知っていることと知らないことを区別すること。
ウ　知識を増やし、知らないことがないようにすること。

（　　　　）

答えと解説

1 孔子
「子」は、**先生のこと**。

2 ア
「**於」は置き字**なので、読まない。一・二点は、**一のついた字から二のついた字へ返って**読む。

3 ウ
「己の欲せざる所」とは、「**自分がされたくないこと**」という意味。**相手を思いやる心**について説いている。

4 イ
「**知っている**ことを**知っている**とし、知らないことを**知らないとする**」ことが「知っている」ということだと述べている。

ウ　また喜ぶべきことが増えた。
エ　うれしく思わないこともない。

□

3 □にあてはまる書き下し文を書きなさい。〔15点〕

□

4 ——線③「慍らず」とは「腹を立てない」という意味ですが、ここではどのようなことに腹を立てないということですか。〔15点〕

□

5 よく出る　——線④「君子」の意味として適切なものを次から一つ選び、記号で答えなさい。〔10点〕

ア　愚かな人物。
イ　裕福（ゆうふく）な人物。
ウ　立派な人物。
エ　権力をもった人物。

□

6 やや難　——線⑤「不亦君子乎」に、書き下し文に従って、返り点と送り仮名をつけなさい。完答〔20点〕

不　亦　君　子　乎ト。

7 この文章の内容をまとめた次の文の□にあてはまる言葉を書きなさい。10点×2〔20点〕

孔子は、ⓐ□ことの喜びを述べ、たとえ世間に認められなくても学び続けることがⓑ□には求められる、と述べている。

漢字で書こう！　①いっぱん　②こうし　③ほどこ（す）
答えは右ページ➡

坊っちゃん

教科書 p.146〜p.161

主題

◆何事にもぶっきらぼうな「俺」に対し、奉公人の清は、ただ一人、理解と愛情を示す。清の言動にとまどう「俺」だが、「俺」と清の間は温かいきずなで結ばれている。

5分間攻略ブック p.9

テストに出る！
ココが要点

奉公人・清との関係（教 p.148〜p.150）▶予想問題

●「俺」…「親譲りの無鉄砲」。父や兄とは関係がよくない。
●清…奉公人。ただ一人「俺」の率直さを愛し、褒めてくれる。
・「俺」は、清の愛情にとまどいつつも、心のより所としている。

作品

●作者…夏目漱石　●代表作…「三四郎」・「こころ」など。

テストに出る！
予想問題

解答 p.8　30分　100点

次の文章を読んで、問題に答えなさい。

母が病気で死ぬ二、三日前、台所で宙返りをして、へっついの角であばら骨を打って大いに痛かった。母がたいそう怒って、おまえのような者の顔は見たくないと言うから、親類へ泊まりに行っていた。すると、とうとう死んだという知らせが来た。そう早く死ぬとは思わなかった。そんな大病なら、もう少しおとなしくすればよかったと思って帰ってきた。そうしたら例の兄が、俺を親不孝だ、俺のために、おっかさんが早く死んだんだと言った。①くやしかったから、兄の横っつらを張って大変叱られた。

【母が死んでからは、おやじと兄と三人で暮らしていた。おやじはなんにもせぬ男で、人の顔さえ見れば、きさまはだめだだめだと口

てくれるだろうと思った。清がこんなことを言うたびに、俺はお世辞は嫌いだと答えるのが常であった。するとばあさんは、⑤それだからいいご気性ですと言っては、うれしそうに俺の顔を眺めている。自分の力で俺を製造して誇ってるように見える。少々気味が悪かった。

〔夏目漱石「坊っちゃん」による〕

1 ——線①「くやしかったから」とありますが、どんなことがくやしかったのですか。文章中の言葉を使って、簡潔に書きなさい。〔15点〕

2 【 】内の文章中から、物語の語り手の「俺」が現在の立場から語っていることがわかる一文を抜き出し、初めの五字を書きなさい。〔15点〕

3 ——線②「かえって、この清という女に気の毒であった。」とありますが、自分を助けてくれた清にこのように感じたことから、「俺」は「清」に対してどのように思っていたと考えられますか。適切なものを次から一つ選び、記号で答えなさい。〔15点〕

ア 奉公人でありながら主人に反抗する清に不満をもっていた。
イ 感謝の言葉を素直に言えなかったが、清に心を許していた。
ウ 自分で父親に反抗する勇気はないので、清を尊敬していた。
エ 自分を助けてくれたことに感謝し、清に頼りきりだった。

漢字を読もう！　①傷痕　②冗談　③慰める
←答えは左ページ

癖のように言っていた。何がだめなんだか今にわからない。妙なおやじがあったもんだ。兄は、実業家になるとか言って、しきりに英語を勉強していた。元来、はっきりしない性分で、ずるいから、仲がよくなかった。十日に一ぺんぐらいの割でけんかをしていた。】ある時将棋をさしたら、ひきょうな待ち駒をして、人が困るとうれしそうに冷やかした。あんまり腹が立ったから、手にあった飛車を眉間へたたきつけてやった。眉間が割れて、少々血が出た。兄がおやじに言いつけた。おやじが俺を勘当すると言いだした。

その時はもうしかたがないと観念して、先方の言うとおり勘当されるつもりでいたら、十年来召し使っている清という女が、泣きながらおやじに謝って、ようやくおやじの怒りが解けた。それにもかかわらず、あまりおやじを怖いとは思わなかった。②かえって、この清という女に気の毒であった。この女は、もと由緒のある者だったそうだが、瓦解の時に零落して、つい奉公までするようになったのだと聞いている。だから、ばあさんである。このばあさんが、どういう因縁か、③俺を非常にかわいがってくれた。不思議なものである。母も死ぬ三日前にあいそをつかした――おやじも年じゅうもてあましている――町内では乱暴者の悪太郎とつまはじきをする――この俺を、むやみに珍重してくれた。俺はとうてい人に好かれるたちでないと諦めていたから、他人から木の端のように取り扱われるのはなんとも思わない、かえってこの清のようにちやほやしてくれるのを不審に考えた。清はときどき、台所で人のいないときに、「あなたは、まっすぐでよいご気性だ。」と褒めることがときどきあった。しかし、④俺には清の言う意味がわからなかった。いい気性なら、清以外の者も、もう少しよくし

4 よく出る ――線③「俺を非常にかわいがってくれた」とありますが、清にかわいがられることを、「俺」はどのように思っていましたか。適切なものを次から一つ選び、記号で答えなさい。〔15点〕

ア 自分はとうてい人に好かれるたちではないと思っていたので、おおいに喜んでいた。

イ 自分の気性を誤解していると考えて、かわいがられるたびに申し訳ないと思っていた。

ウ 奉公人だから無理をして自分をかわいがってくれるのだと考えて、かわいそうに思っていた。

エ 他人からぞんざいに扱われることに慣れていたので、かわいがられるのを不審に思っていた。

□

5 やや難 ――線④「俺には清の言う意味がわからなかった」のは、なぜですか。文章中の言葉を使って書きなさい。〔20点〕

□

6 よく出る ――線⑤「それだからいいご気性です」とありますが、清はなぜ「俺」がいい気性だと思ったのですか。□にあてはまる言葉を、文章中から抜き出しなさい。10点×2〔20点〕

自分のことを褒められても、それは ⓐ□ だと考えて、褒められるのを嫌がる ⓑ□ な性格だから。

漢字で書こう！ ①きずあと　②じょうだん　③なぐさ(める)
答えは右ページ➡

短歌の味わい

教科書 p.164〜p.169

主題

◇短歌とは、五・七・五・七・七の五句三十一音からなる日本独特の短詩系文学のこと。一首、二首と数える。短い語句に作者の心情が詠みこまれている。

テストに出る！ココが要点

短歌の形式

●短歌は、五・七・五・七・七の五句、三十一音からなる。

●一首の中で、意味の切れめにあたるところを「句切れ」という。

例 白鳥はかなしからずや／空の青海のあをにも染まずただよふ　若山 牧水

＝句切れ→二句切れ

短歌の表現技法

●字余り…基本よりも音数が多いもの。

例 海を知らぬ（六音）／少女の前に／麦藁帽の（七音）／われは両手を／ひろげていたり　寺山 修司

●字足らず…基本よりも音数が少ないもの。

例題　短歌の味わい／短歌十首

◇短歌の味わい◇

観覧車回れよ回れ想ひ出は君には一日我には一生　栗木 京子

乗客は入れ替わっても、観覧車は同じ場所でいつまでも回り続けている。その中には無数の人々の思い出が眠っている。「回れよ回れ」という呼びかけは、①**過ぎ去った時**を甦らせる呪文なのかもしれない。あの日、観覧車のゴンドラの中で向かい合っていたあなたと私。二人だけで地上を離れて、ゆっくりと天に昇っていった。けれども、その時間は永遠ではない。やが

1 ——線①について答えなさい。

(1) 「過ぎ去った時」とは、どのような時間ですか。選びなさい。

ア 家族と観覧車に乗った楽しい時間。
イ 観覧車でけんかした気まずい時間。
ウ 二人で仲良く出かけた幸せな時間。

（　　）

(2) 文章中では、「過ぎ去った時」を何にたとえていますか。一字で抜き出しなさい。

□

答えと解説

1 (1)ウ　(2)夢

(1)二人で観覧車に乗った思い出は、**君にとっては一日のできごと**に過ぎないが、**私にとっては一生の思い出**である。観覧車の中で過ごした束の間の幸せな時間を、「過ぎ去った時」と表している。

(2)「観覧車」が地上に戻ると、**束の間の「夢」から覚めてしまう**。二人で観覧車に乗った楽しい時間が終わってしまったのである。

漢字を読もう！　①奥　②伴侶　③枯れ葉
←答えは左ページ

て観覧車は地上に戻り、二人は束の間の夢から覚めて、それぞれの人生を歩み出す。あなたにとってそれはたった一日のできごとに過ぎないだろう。けれども、私の胸には一生の思い出として刻まれている。「一日」を「ひとひ」、「一生」を「ひとよ」と読ませることで、②**「君には一日我には一生」が鮮やかな対句表現**になっている。繰り返しのリズムの中に描かれた③**二つの時間の対比が切ない。**

〔穂村弘「短歌の味わい」による〕

◈短歌十首◈

A
ああ皐月仏蘭西の野は火の色す君も雛罌粟われも雛罌粟
与謝野晶子

B
俺は帰るぞ俺の明日へ　黄金の疲れに眠る友よおやすみ
佐佐木幸綱

C
砂浜に二人で埋めた飛行機の折れた翼を忘れないでね
俵万智

〔「短歌十首」による〕

2 よく出る ――線②とありますが、同じ「対句表現」が使われている短歌を、「短歌十首」のA～Cから選びなさい。（　）

3 よく出る ――線③について答えなさい。

(1) 対比されている二つの時間とは、何と何ですか。短歌の中から抜き出しなさい。

□□と□□

(2) 「二つの時間の対比」が「切ない」のはなぜですか。選びなさい。

ア 二人が、これまで生きてきた人生の長さの違いが表れているから。

イ 二人の、相手に対する思いの強さの違いが表れているから。

ウ 二人が、観覧車に乗った回数の違いが表れているから。

（　）

4 次の説明に合う短歌を、「短歌十首」のA～Cから一つ選びなさい。

・大切な人との思い出を、意外なものに象徴させている。

（　）

5 字余りのある短歌を、「短歌十首」のA～Cから一つ選びなさい。（　）

2 A

「**君も雛罌粟われも雛罌粟」が対句表現。** Aは「五月の仏蘭西の野は火のように赤いひなげし（雛罌粟）でいっぱいだ。（恋をする）私もあなたもひなげしのようだ」という意味。

3 (1) 一日・一生

(2) イ

(1)「一日」という短い時間と「一生」という長い時間を対比している。(2)二人で観覧車に乗った記憶を「一生」の思い出にする「我」と、「一日」の出来事として終わらせている「君」。愛し合う二人を描いたAの短歌と違い、**対句によって二人の違いを強調している。**

4 C

Cでは「飛行機の折れた翼」が大切な人との思い出の品として登場し、**独特な印象**を与えている。

5 B

「俺は帰るぞ」が、七音（基本は五音）なので**字余り**。

漢字で書こう！　①おく　②はんりょ　③か(れ)は
答えは右ページ➡

テストに出る！

予想問題

解答 p.9　30分　/100点

次の短歌を読んで、問題に答えなさい。

A
①白鳥はかなしからずや空の青海のあをにも染まずただよふ　若山 牧水

B
早春のレモンに深くナイフ立つるをとめよ素晴らしき人生を得よ　葛原 妙子

C
春のプール夏のプール秋のプール冬のプールに星が降るなり　穂村 弘

D
みちのくの②母のいのちを一目見ん一目みんとぞただにいそげる　斎藤 茂吉

E
不来方のお城の草に寝ころびて
空に吸はれし
十五の心　石川 啄木

---

1 よく出る　A・Dの短歌は、それぞれ何句切れですか。漢数字で答えなさい。　3点×2〔6点〕

A　句切れ　D　句切れ

2 よく出る　――線①「白鳥はかなしからずや」とありますが、そう思うのはなぜですか。次から一つ選び、記号で答えなさい。〔10点〕

ア　ふるさとを離れてはるか遠くまで旅をしているから。
イ　空の上にも、海の中にも天敵がひそんでいるから。
ウ　周囲に溶けこむことがなく、孤独な感じがするから。
エ　広い空と海が広がっていて身を休める場所がないから。

3　Bの短歌で、作者は「をとめ」にどんなことを望んでいますか。簡潔に書きなさい。〔10点〕

4　Cの短歌では、一日のうちのどの時間帯の「プール」を描いていますか。漢字一字で答えなさい。〔5点〕

5 よく出る　――線②「母のいのちを一目見ん一目みん」とありますが、これはどういう意味ですか。次から一つ選び、記号で答えなさい。〔10点〕

ア　母の息があるうちに、一目でもいいから会いたい。
イ　母が人生をかけて作り上げた作品を、一目見たい。
ウ　母の遺体を拝んで、心を込めてしっかり供養したい。
エ　母が元気に暮らしている姿を、一度見たい。

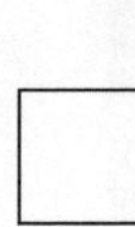

F
日本脱出したし　皇帝ペンギンも皇帝ペンギン飼育係りも
塚本　邦雄

G
海を知らぬ少女の前に麦藁帽のわれは両手をひろげていたり③
寺山　修司

H
運転手一人の判断でバスはいま追越車線に入りて行くなり
奥村　晃作

I
おねがいねって渡されているこの鍵をわたしは失くしてしまう気がする
東　直子

J
講堂で賛美歌うたう友達のピアスの穴を後ろから見る
小島　なお

〔穂村　弘「短歌の味わい」／「短歌十首」による〕

6 やや難　――線③「われは両手をひろげていたり」とありますが、両手をひろげて何をしているのですか。簡潔に書きなさい。〔15点〕

7 Iの短歌で、「わたし」に対する、相手からの信頼を象徴しているものは何ですか。短歌の中から漢字一字で抜き出しなさい。〔10点〕

8 Jの短歌で、「賛美歌」と対比的に描かれているものは何ですか。短歌の中から五字で抜き出しなさい。〔10点〕

9 よく出る　次の表現技法が使われている短歌を、A～Jからそれぞれ一つずつ選び、記号で答えなさい。
3点×3〔9点〕

① 体言止め
② 繰り返し（反復法）
③ 倒置法

①　②　③

10 次の説明に合う短歌を、A～Jからそれぞれ一つずつ選び、記号で答えなさい。
5点×3〔15点〕

① 社会を覆っている閉塞感を、ユーモアを交えて描いている。
② 生まれ育った地で未来への思いをどこまでも広げていく少年の姿が思い浮かぶ。
③ 普段人々が意識しない事実を改めて述べており、はっとさせられる。

①　②　③

漢字で書こう！　①うす(い)　②く(り)かえ(し)　③のぼ(る)
答えは右ページ➡

教科書 p.174〜p.184／p.190〜p.191

夏の葬列
漢字の広場3　漢字の多義性

主題

◇戦時中、少女を銃撃の下に突き飛ばしてしまい、その結果、その母をも死に追いやってしまった「彼」は、二人の死に対する罪を背負って生きる決意をする。

5分間攻略ブック p.10／p.11

テストに出る！
ココが要点

「彼」の犯した罪（過去）（教 p.177〜p.178）➤予想問題

●戦時中、幼かった「彼」とヒロ子さんは艦載機の襲撃に遭う。
●白い服を着たヒロ子さんが、「彼」を助けようと近づいてきた。
白い服は銃撃の絶好の目標になる。→恐怖
●「彼」はヒロ子さんを突き飛ばし、ヒロ子さんは撃たれた。
→「彼」は、結果的に自分が「殺人を犯した」と感じる。

罪の再認識（現在）（教 p.181〜p.182）➤例題

●「彼」は、あのときの銃撃でヒロ子さんが死に、それ以来心を病んでいたヒロ子さんの母親が自殺したことを知る。
●「彼」は、二つの死に責任があることを自覚する。
●「彼」はもはや逃げ場所はないという意識で歩き始めた。
→罪を背負って生きていこうという決意。

例題　罪の再認識

　葬列は、松の木の立つ丘へと登り始めていた。遠くなったその葬列との距離を縮めようというのか、子どもたちは芋畑の中に躍り込むと、喚声をあげながら駆け始めた。
　立ち止まったまま、彼は写真を載せた柩が軽く左右に揺れ、彼女の母の葬列が丘を登っていくのを見ていた。一つの夏と一緒に、その柩の抱きしめている①**沈黙**。彼は、今はその二つになった沈黙、二つの死が、もはや自分の中で永遠に続くだろうこと、永遠に続くほかはないことがわかっていた。彼は、葬列のあとは追わなかった。追う必要がなかった。この②**二つの死は、結局、俺の中に埋葬されるほかはない**のだ。

1　――線①とほぼ同じ意味を表している言葉を漢字一字で抜き出しなさい。□

2　よく出る　――線②はどういう意味ですか。選びなさい。
ア　二人の死の真相は、誰にも秘密にしておかなくてはならない。
イ　二人を死に追いやった罪を、自分が一生背負っていくしかない。
ウ　二人を死に追いやった自分は、二人の知り合いに会う勇気がない。（　　）

答えと解説

1　死
直後に「二つになった沈黙、二つの死」とある。

2　イ
「俺の中に埋葬」するとは、二つの死を自分の心の中で供養していくということ。

漢字を読もう！　①尽きる　②唾　③錯覚
←答えは左ページ

――でも、なんという皮肉だろう、と彼は口の中で言った。あれから、俺はこの傷に触りたくない一心で海岸のこの町を避け続けてきたというのに。そうして今日、せっかく十数年後のこの町、現在のあの芋畑を眺めて、はっきりと③**敗戦の夏のあの記憶を自分の現在から追放し、過去の中に封印してしまって、自分の身を軽くするためにだけ俺はこの町に降りてみたというのに**。……全く、なんという偶然の皮肉だろう。

やがて、彼はゆっくりと駅の方角に足を向けた。風が騒ぎ、芋の葉のにおいがする。よく晴れた空が青く、太陽はあい変わらずまぶしかった。海の音が耳に戻ってくる。汽車が、単調な車輪の響きをたて、線路を走っていく。彼は、ふと、今とは違う時間、たぶん未来の中の別な夏に、自分はまた今と同じ風景を眺め、今と同じ音を聞くのだろうという気がした。そして時を隔（へだ）て、俺はきっと自分の中の夏の幾つかの瞬間を、一つの痛みとしてよみがえらすのだろう……。

思いながら、彼はアーケードの下の道を歩いていた。もはや逃げ場所はないのだという意識が、④**彼の足どりをひどく確実なものにしていた**。

〔山川（やまかわ）方夫（まさお）「夏の葬列」による〕

3 ――線③について答えなさい。

(1) この後にはどのような言葉が省略されていると考えられますか。選びなさい。

ア そもそも罪を感じる必要がなかった。

イ すぐ罪の意識を忘れることができた。

ウ 逆に罪の意識を深めることになった。

（　　）

(2) 意外な結果になったことを、「彼」は何と表現していますか。

4 よく出る ――線④とありますが、「彼」の足どりが「確実なもの」になったのはなぜですか。選びなさい。

ア 再びこの町に降りるときまで、二人の死の記憶を胸の中にしまって忘れておこうと決めたから。

イ 自分の犯した罪は誰も知らないのだから、もはや逃げる必要はないのだと気づいたから。

ウ 自分の罪をしっかりと見つめて、これからの人生を生きていこうという覚悟ができたから。

（　　）

3 (1)ウ (2)偶然の皮肉

(1)――線③の最後に「…のに」とあるので、後には**前と対照的な内容**が来る。「自分の**身を軽く**」したいと思っていたのに、反対に**罪の意識が深まってしまった**のである。

(2)「皮肉」とは、ここでは、**意地悪く感じるほど、物事がうまくいかないこと**。「彼」が町に降りた日に、「偶然」葬列に出会い、二つの死の真相を知ったことを「皮肉」に感じている。

4 ウ

「もはや逃げ場所はないのだという意識」が「彼」の「足どり」を変えたことに注意。「**逃げ場所はない**」とは、二つの死の真相をはっきりと知ったからには、**もう自分の罪を忘れることはできない（罪を背負って生きるしかない）**ということ。そう覚悟して、これからの人生をしっかり歩き始めたので、「足どり」は「確実なもの」になったのである。

漢字で書こう！ ①つ（きる） ②つば ③さっかく
答えは右ページ➡

テストに出る！

予想問題

1 次の文章を読んで、問題に答えなさい。

解答 p.9　30分　100点

正面の丘の陰から、①大きな石が飛び出したような気がしたのはその途中でだった。石はこちらを向き、急速な爆音(ばくおん)と一緒に、不意に、何かを引きはがすような激しい連続音が聞こえた。叫び声があがった。「カンサイキだあ。」と、その声はどなった。

艦載機だ。彼は恐怖に喉がつまり、とたんに芋畑の中に倒れ込んだ。炸裂(さくれつ)音が空中にすさまじい響きをたてて頭上を過ぎ、女の泣きわめく声が聞こえた。ヒロ子さんじゃない、と彼は思った。あれは、もっと大人の女の人の声だ。

「二機だ、隠れろ！　またやって来るぞう。」②奇妙に間のびしたその声の間に、別の男の声が叫んだ。③「おーい、引っ込んでろその女の子、だめ、走っちゃだめ！　白い服は絶好の目標になるんだ、……おい！」

白い服――ヒロ子さんだ。きっと、ヒロ子さんは撃(う)たれて死んじゃうんだ。

その時第二撃が来た。男が絶叫した。

彼は、動くことができなかった。ほっぺたを畑の土に押しつけ、目をつぶって、懸命に呼吸(いき)を殺していた。頭がしびれているみたいで、でも、無意識のうちに体を覆おうとするみたいに、④手で必死に芋の葉を引っぱり続けていた。辺りが急にしーんとして、旋回する小型機の爆音だけが不気味に続いていた。

突然、視野に⑤大きく白い物が入ってきて、柔らかい重い物が彼

2 ――線②「奇妙に間のびしたその声」とありますが、そのように聞こえたのは、「彼」がどのような心理状態にあるためですか。適切なものを次から一つ選び、記号で答えなさい。〔10点〕

ア 心からの絶望感。　**イ** 状況(じょうきょう)への慣れ。
ウ 極度の緊迫感。　**エ** 音への無関心。

3 ――線③「おーい、引っ込んでろその女の子、だめ、走っちゃだめ！」とありますが、誰が、何のために走っていると考えられますか。〔10点〕

4 ――線④「手で必死に芋の葉を引っぱり続けていた」とありますが、この行動に表れていることとして適切なものを次から一つ選び、記号で答えなさい。〔10点〕

ア 絶望的な状況でもなんとか生き延びようとする本能。
イ 早く立ち上がって逃げなければならないというあせり。
ウ 芋の葉で体を隠すことで助かろうとする冷静さ。
エ いつまでも動くことのできない自分へのもどかしさ。

5 よく出る ――線⑤「大きく白い物」とは、何を表していますか。〔10点〕

6 ――線⑥「目をつり上げ、別人のような真っ青なヒロ子さんが、熱い呼吸で言った。」とありますが、このときのヒロ子さんの心境を次から二つ選び、記号で答えなさい。8点×2〔16点〕

漢字を読もう！　①妄想　②揺れる　③埋葬
←答えは左ページ

を押さえつけた。

「さ、早く逃げるの。一緒に、さ、早く。だいじょぶ？」

⑥目をつり上げ、別人のような真っ青なヒロ子さんが、熱い呼吸（いき）で言った。彼は、口がきけなかった。全身が硬直（こうちょく）して、目にはヒロ子さんの服の白さだけが鮮やかに映っていた。

「今のうちに、逃げるの、……何してるの？　さ、早く！」

ヒロ子さんは、怒ったような怖い顔をしていた。ああ、⑦僕はヒロ子さんと一緒に殺されちゃう。僕は死んじゃうんだ、と彼は思った。声の出たのは、そのとたんだった。不意に、彼は狂（くる）ったような声で叫んだ。

「よせ！　向こうへ行け！　目だっちゃうじゃないかよ！」

「助けに来たのよ！」ヒロ子さんもどなった。「早く、道の防空壕（ごう）に……。」

「嫌だったら！　ヒロ子さんとなんて、一緒に行くの嫌だよ！……向こうへ行け！」

夢中で、⑧彼は全身の力でヒロ子さんを突き飛ばした。

悲鳴を、彼は聞かなかった。その時強烈な衝撃と轟音（ごうおん）が地べたをたたきつけて、芋の葉が空に舞い上がった。辺りに砂ぼこりのような幕が立って、彼は、彼の手であおむけに突き飛ばされた⑨ヒロ子さんがまるでゴムまりのように弾んで空中に浮くのを見た。

〔山川（やまかわ） 方夫（まさお）「夏の葬列」による〕

1　――線①「大きな石」とは、実際には何でしたか。〔10点〕

ア　子どもをも標的にする艦載機への激しい怒（いか）り。
イ　早く「彼」を助け出して逃げようとするあせり。
ウ　いつまでも立ち上がらない「彼」への腹立たしさ。
エ　偶然にも白い服を着てきたことに対する後悔。
オ　いつ再び始まるかわからない銃撃（じゅうげき）に対する恐怖。

7　――線⑦「僕はヒロ子さんと一緒に殺されちゃう」とありますが、「僕」がこのように考えたのはなぜですか。□にあてはまる言葉を、文章中から抜き出しなさい。　5点×2〔10点〕

ヒロ子さんの ⓐ□□□ が ⓑ□□□□□ となって、自分も撃たれてしまうと思ったから。

8 よく出る　――線⑧「彼は全身の力でヒロ子さんを突き飛ばした」とありますが、それはどんな思いからですか。簡潔に答えなさい。〔10点〕

9 やや難　――線⑨「ヒロ子さんがまるでゴムまりのように弾んで空中に浮く」とありますが、ヒロ子さんはどうなったのですか。簡潔に書きなさい。〔10点〕

2　次の①・②の意味で――線の漢字が使われているものをあとから一つずつ選び、記号で答えなさい。　2点×2〔4点〕

① 物事のすじみち　② 学問や芸のやり方

ア 書道　イ 道理　ウ 報道

①　②

漢字で書こう！　①もうそう　②ゆ（れる）　③まいそう
答えは右ページ➡

ガイアの知性

教科書 p.196～p.205

要旨

◆「攻撃的な知性」を進歩させてきた人類は、鯨や象のもつ「受容的な知性」に学び、真の意味の「ガイアの知性」に進化する必要がある。

5分間攻略ブック p.12

テストに出る！ ココが要点

鯨や象の「知性」（教 p.198～p.201）▶予想問題

- 我々は科学技術を進歩させるような能力を「知性」と考えている。
- 鯨や象は、人とは全く別種の「知性」をもっているのではないか。
- 水族館のオルカは、捕らわれた状況を受け入れ、生きることを楽しむ「心」があるからこそ「芸」をする。

『ガイアの知性』（教 p.202～p.203）▶例題

- 人間の「知性」…自然を支配しようとする→「攻撃的な知性」
- 鯨や象の「知性」…自然を理解し、適応する→「受容的な知性」

↓

- 人間は、鯨や象に学び、「ガイアの知性」に進化する必要がある。

例題 「ガイアの知性」

保護官がその歯を捜したところ、その歯はなんと、彼が発見したまさにその場所に戻されていたのだ。毎晩倉庫にやってきた象は、たぶん亡(な)くなった象の肉親だったのだろう。それにしてもその象は、どうやって歯が倉庫にあることを知ったのだろう。数百個もある歯の中から、どうやって肉親の歯を見分けたのだろう。そして最大の謎は、その象が、なぜ歯を元の場所にわざわざ戻したのだろう、ということだ。

このように、鯨や象が高度な「知性」をもっている[①]ことは、たぶんまちがいない事実だ。

しかし、その「知性」は、科学技術を進歩させてきた人間の「知性」とは大きく違うものだ。人間の「知

1 ――線①とありますが、象が高度な「知性」をもっていることは、どのようなことからわかりますか。

象が、肉親の（　　　）がある場所を知り、（　　　）個の歯の中からそれを見分けて、（　　　）に戻したこと。

2 よく出る 次のⓐ～ⓓについて、――線②「攻撃的な知性」の説明ならA、――線③「受容的な知性」の説明ならBを書きなさい。

ⓐ　科学技術を進歩させてきた。（　　）

答えと解説

1 歯・数百・元の場所

前の段落に書かれた**象の行動**をまとめる。謎は残るものの、象が高い知性をもっていることはわかる。

2 ⓐA　ⓑB　ⓒA　ⓓA

三つめの段落で、人間の「**攻撃的な知性**」と、鯨や象の「**受容的な知**

漢字を読もう！ ←答えは左ページ　①過酷　②示唆　③畏敬

性」は、自分たちだけの安全と便利さのために自然をコントロールし、意のままに支配しようとする、いわば「②**攻撃的な知性**」だ。この「攻撃的な知性」をあまりにも進歩させてきた結果として、人間は環境破壊を起こし、地球全体の生命を危機に陥(おとしい)れている。③これに対して、鯨や象のもつ「知性」は、いわば「**受容的な知性**」とでも呼べるものだ。彼らは、自然をコントロールしようなどとはいっさい思わず、そのかわり、この自然のもつ無限に多様で複雑な営みを、できるだけ繊細に理解し、それに適応して生きるために、その高度な「知性」を使っている。

　だからこそ彼らは、我々人類よりはるか以前から、あの大きな体でこの地球に生きながらえてきたのだ。同じ地球に生まれながら、片面だけの「知性」を異常に進歩させてしまった我々人類は、今、もう一方の「知性」の持ち主である鯨や象たちからさまざまなことを学ぶことによって、④**真の意味の「ガイアの知性」に進化する**必要がある、と私は思っている。

〔龍村(たつむら)仁(じん)「ガイアの知性」による〕

ⓑ 自然の営みを理解し、適応するために使う。（　　）

ⓒ 自分たちだけの安全と便利さのために使う。（　　）

ⓓ 自然を意のままに支配しようとする。（　　）

3 人間は、「攻撃的な知性」を進歩させた結果、何を起こしましたか。

[　　　　]

4 よく出る ――線④について答えなさい。

(1) 「ガイアの知性」に進化するためには、どうすることが必要ですか。

「（　　　）的な知性」の持ち主である鯨や象たちからさまざまなことを（　　　）こと。

(2) 「ガイアの知性」とは、どのような知性だと考えられますか。選びなさい。

ア 鯨や象のように生きるための知性。

イ 自然の営みを理解し、支配する知性。

ウ 自然と調和して生きるための知性。

（　　）

性」の違いについて説明されている。人間は、**自然を支配しようとする**知性を進歩させたが、鯨や象は**自然に適応して生きる**ための知性をもつのである。

3 環境破壊

自分たちのために自然を意のままに支配しようとしてきた結果、自然環境を悪化させたのである。

4 (1) 受容・学ぶ　(2) ウ

(1) ――線④の直前に「我々人類は……学ぶことによって」とあることに注目する。(2)「**ガイア**」とは、**地球**のこと。自然を支配しようとする「**攻撃的な知性**」ではなく自然に適応しようとする「**受容的な知性**」に進化し、地球全体のことを考え、**自然と調和して生きるべき**だというのである。

漢字で書こう! ①かこく　②しさ　③いけい

答えは右ページ➡

テストに出る！

予想問題

次の文章を読んで、問題に答えなさい。

解答 p.10

30分

100点

〔現代人の我々は、今や地球の全生命の未来を左右できるほどに科学技術を進歩させた能力を「知性」だと思いこんでいる。〕

これらの点からみれば、自らは何も生産せず、自然が与えてくれるものだけを食べて生き、あとは何もしないでいるようにみえる（実はそうではないのだが）鯨や象が、自分たちと対等の「知性」をもった存在とはとても思えないのは、当然のことである。

しかし、一九六〇年代に入って、さまざまな動機から、鯨や象たちと深いつき合いをするようになった人たちの中から、①この「常識」に対する疑問が生まれ始めた。

鯨や象は、人の「知性」とは全く別種の「知性」をもっているのではないか、あるいは、人の「知性」は、このガイアに存在する大きな「知性」の偏った一面の現れであり、もう一方の面に鯨や象の「知性」が存在するのではないか、という疑問である。

この疑問は、最初、水族館に捕らえられたオルカ（シャチ）やイルカに芸を教えようとする調教師や医者や心理学者、その手伝いをした音楽家、鯨の脳に興味をもつ大脳生理学者たちの実体験から生まれた。

彼らが異口同音に言う言葉がある。それは、②オルカやイルカは決して、ただ餌を欲しいがために本能的に芸をしているのではない、ということである。

彼らは捕らわれの身となった③自分の状況を、はっきり認識している、という。そして、その状況を自ら受け入れると決意した時、

1 ——線①「この『常識』に対する疑問」について答えなさい。

(1) 「この『常識』」とはどのような常識ですか。文章中の言葉を使って簡潔に書きなさい。 〔15点〕

(2) よく出る 「疑問」とはどのような疑問ですか。適切なものを次から一つ選び、記号で答えなさい。 〔10点〕

ア 鯨や象の「知性」と人の「知性」は、ともにガイアに存在する同じような「知性」なのではないか、という疑問。

イ 人の「知性」は、ガイアという視点からみれば、鯨や象の「知性」よりも劣っているのではないかという疑問。

ウ 人の「知性」も鯨や象の「知性」も、ガイアに存在する「知性」の異なる一面なのではないか、という疑問。

エ 鯨や象の「知性」はガイアの「知性」といえるが、人の「知性」はガイアの「知性」ではないのではないか、という疑問。

2 よく出る ——線②「オルカやイルカは決して、ただ餌を欲しいがために本能的に芸をしているのではない」とありますが、では、オルカやイルカは何のために芸をしているのですか。文章中から、十字と十一字で二つ抜き出しなさい。 10点×2〔20点〕

漢字を読もう！ ①撮影 ②寿命 ③攻撃
←答えは左ページ

初めて、自分とコミュニケーションしようとしている人間、さしあたっては調教師を喜ばせるために、そしてその状況の下で自分自身も、精いっぱい生きることを楽しむために、「芸」と呼ばれることを始めるのだ。④水族館でオルカが見せてくれる「芸」のほとんどは、実は人間がオルカに強制的に教えこんだものではない。オルカのほうが、人間が求めていることを正確に理解し、自分のもっている高度な能力を、⑤か弱い人間（調教師）のレベルに合わせて制御し、調整をしながら使っているからこそ可能になる「芸」なのだ。

例えば、体長七メートルもある巨大なオルカが、狭いプールでちっぽけな人間を背ビレにつかまらせたまま猛スピードで泳ぎ、プールの端にくると、合図もないのに自ら細心の注意を払って人間が落ちないようにスピードを落とし、そのまま人間をプールサイドに立たせてやる。また、水中から、直立姿勢の人間を自分の鼻先に立たせたまま上昇し、その人間を空中に放り出す際には、その人間が決してプールサイドのコンクリートの上に投げ出されず、再び水中の安全な場所に落下するよう、スピード・高さ・方向などを三次元レベルで調整する。こんなことがはたして、ムチと飴による人間の強制だけでできるだろうか。ましてオルカは水中で生活している七メートルの巨体の持ち主なのだ。

そこには、人間の強制ではなく、明らかに、オルカ自身の意志と選択がはたらいている。狭いプールに閉じこめられ、本来もっている高度な能力の何万分の一も使えない過酷な状況におかれながらも、⑥自分が「友」として受け入れることを決意した人間を喜ばせ、そして自分自身も生きることを楽しむオルカの「心」があるからこそできることなのだ。

〔龍村仁「ガイアの知性」による〕

3 ――線③「捕らわれの身となった自分の状況」とありますが、これと同じ内容を表している部分を、このあとの文章中から四十一字で抜き出し、初めと終わりの五字を書きなさい。〔15点〕

□□□□□ ～ □□□□□

4 ――線④「水族館でオルカが見せてくれる『芸』」の例は、文章中でいくつ挙げられていますか。〔10点〕

□つ

5 ――線⑤「か弱い人間（調教師）」と対照的な特徴をもつ存在として述べられているオルカの説明を、文章中から二十一字で抜き出しなさい。〔15点〕

6 〈やや難〉――線⑥「自分が『友』として受け入れることを決意した人間を喜ばせ、そして自分自身も生きることを楽しむオルカの『心』」とありますが、これと同じ内容の言葉を文章中から十一字で抜き出しなさい。〔15点〕

漢字で書こう！ ①さつえい　②じゅみょう　③こうげき
答えは右ページ➡

学びのチャレンジ

確認

◆考える力や目的に応じて判断する力、表現する力を高めるため、規約を正確に読み取ったり図表や資料を読み取ったりして自分の考えをまとめる力をつける。

テストに出る！ 予想問題　解答 p.10　40分　100点

1 教科書の次の部分を読んで、問題に答えなさい。

教科書 212～213ページ【生徒会役員選挙告示の下書き】
教科書 214ページ【生徒会規約の一部】
教科書 216～217ページ【候補者の得票数と当選者一覧】

1 教 212ページ【生徒会役員選挙告示の下書き】について答えなさい。

(1) 「三 選挙日程」の「立候補の受付」については、教 214ページ【生徒会規約の一部】の第何章の第何条に書かれていますか。完答〔5点〕

第□章の第□条

(2) 「立候補の受付」とありますが、立候補者が立候補の届け出をするとき、①届け出を受け付けるのは、何委員会ですか。また、②「規定の用紙」には誰と誰の名前を書きますか。教 214ページ【生徒会規約の一部】を参考にして答えなさい。5点×3〔15点〕

①□
②□□

(2) 会長、学習専門委員長、副議長は、それぞれ立候補者が一名なので、信任投票を行っています。①生徒数が三百名で全員が投票したとき、当選するには何票が必要ですか。②**ア**「会長」、**イ**「学習専門委員長」、**ウ**「副議長」のうち、信任投票で当選した人をすべて選び、記号で答えなさい。教 214ページ【生徒会規約の一部】を参考にして答えなさい。5点×2〔10点〕

①□票
②□

2 教科書の次の部分を読んで、問題に答えなさい。

教科書 218ページ【資料1】
教科書 220～221ページ【大杉（おおすぎ）さんの文章の下書き】
教科書 222ページ【本の一部】

1 よく出る 教 218ページ【資料1】のグラフから読み取れる内容を次のようにまとめました。□にあてはまる言葉を書きなさい。5点×3〔15点〕

・働く目的は何かという質問に対し、最も多くの人が選んだ答えは「□」だった。

漢字を読もう！ ①範囲 ②分析 ③年齢 ←答えは左ページ

(3) ［やや難］立候補者が九月二十三日に立候補を受付され、投票日が十月七日である場合、いつからいつまで選挙活動をすることができますか。【生徒会役員選挙告示の下書き】の「選挙活動期間」には誤りがあるので、注意して答えなさい。　5点×2〔10点〕

九月［　　］日から十月［　　］日

2 教214ページ【生徒会規約の一部】について答えなさい。

(1) ［よく出る］第三章の第一条に「三年生は被選挙権はもたない」とありますが、このような規約が作られたのはなぜですか。考えて書きなさい。〔15点〕

［　　］

(2) ある立候補者が、校門の外で選挙活動をしていた場合、①選挙違反になりますか。○「なる」、×「ならない」のどちらかを答えなさい。また、②【生徒会規約の一部】の第何章の第何条から、それを判断できますか。　完答5点×2〔10点〕

①［　　］
②第［　　］章の第［　　］条

3 教216ページ【候補者の得票数と当選者一覧】について答えなさい。

(1) 副会長に当選したのは誰ですか。名前を答えなさい。〔5点〕

［　　］

・働く目的として「お金を得るために働く」を選ぶ人は、四十歳～［　　］歳で最も多く、年齢が高くなるにつれて減る。

・働く目的として「［　　］」を選ぶ人は、四十歳から四十九歳で最も少なく、年齢が高くなるにつれて三割程度まで増える。

2 教220ページ【大杉さんの文章の下書き】について答えなさい。

(1) ［よく出る］この文章では『悩む力』（姜尚中）を取り上げていますが、この本の中では、何が「働く目的」であると述べていますか。教222ページ【本の一部】から書き抜きなさい。〔10点〕

［　　］

(2) ［やや難］この文章では、どのような意見を述べようとしていると考えられますか。次から一つ選び、記号で答えなさい。〔5点〕

ア お金のために働くというのは人間的でないので、人々に感謝されることを目的として働くべきだ。

イ お金のために働くよりも、ボランティアで社会と関わる働き方のほうがすぐれている。

ウ 働くことによって、お金だけでなく、社会との関わりの中で充実感ややりがいを得られることもある。

エ 人との関わりの中でやりがいを得ることはボランティアでもできるので、仕事はお金を目的に選ぶとよい。

［　　］

漢字で書こう！　①はんい　②ぶんせき　③ねんれい
答えは右ページ➡

学ぶ力

「学ぶ力が伸びる」ための条件（教 p.228〜p.229）➤ 予想問題

- 第一の条件…「無知の自覚」があること。
- 第二の条件…「師(先生)」を自ら見つけようとすること。
- 第三の条件…「師」を教える気にさせる開放性があること。

要旨

◆「学ぶ力」がある人とは、己の無知について自覚があり、自分の師を自ら見つけて、師の教えをまっすぐに受け入れようとする開放性がある人のことである。

5分間攻略ブック p.13

テストに出る! 予想問題

解答 p.11

30分　100点

次の文章を読んで、問題に答えなさい。

「学ぶ力が伸びる」ための第一の条件は、①自分には「まだまだ学ばなければならないことがたくさんある」という「学び足りなさ」の自覚があること。「無知の自覚」といってもよい。これが第一です。

「私はもう知るべきことはみな知っているので、これ以上学ぶことはない。」と思っている人には「学ぶ力」がありません。このような人が、②本来の意味での「学力がない人」だと私は思います。物事に興味や関心を示さず、人の話に耳を傾(かたむ)けないような人は、どんなに社会的な地位が高くても、有名な人であっても「学力のない人」です。

第二の条件は、教えてくれる「師（先生）」を自ら見つけようとすること。

---

2 よく出る ——線②「本来の意味での『学力がない人』」について答えなさい。

(1) ここでいう「学力」とは、どのような力のことですか。次から一つ選び、記号で答えなさい。〔10点〕

ア 学校の試験において、高い点数をとることができる力。
イ 多くの情報を集め、適切に利用することができる力。
ウ 豊富な知識をもち、その知識を応用することができる力。
エ 自分から積極的に学ぼうとし、学ぶことができる力。

(2) 筆者は、どのような人が本来の意味で「学力がない人」だといっていますか。「学ぶ」という言葉を使って簡潔に書きなさい。〔20点〕

3 ——線③「これができないと学びは始まりません」とありますが、「これ」とはどういうことですか。文章中から抜き出しなさい。〔20点〕

4 ——線④「ここでいう『師』とは、別に学校の先生である必要はありません。」とありますが、筆者の述べる「師」の例としてあてはまらないものを次から一つ選び、記号で答えなさい。〔10点〕

漢字を読もう! ①優劣　②潜る　③塞がる
←答えは左ページ

学ぶべきことがあるのはわかっているのだけれど、誰に教わったらいいのかわからない、という人は残念ながら「学力がない」人です。いくら意欲があっても、③これができないと学びは始まりません。

④ここでいう「師」とは、別に学校の先生である必要はありません。書物を読んで、「あ、この人を師匠と呼ぼう。」と思って、会ったことのない人を「師」に見立てることも可能です（だから、会っても言葉が通じない外国の人だって、亡くなった人だって、「師」にしていいのです）。街行く人の中に、ふとそのたたずまいに「何か光るもの」があると思われた人を、瞬間的に「師」に見立てて、その人から学ぶということでも、もちろんかまいません。生きて暮らしていれば、いたるところに師あり、ということになります。ただし、そのためには日頃からいつもアンテナの感度を上げて、⑤「師を求めるセンサー」を機能させていることが必要です。

第三の条件、それは⑥「教えてくれる人を『その気』にさせること」です。

こちらには学ぶ気がある。師には「教えるべき何か」があるとします。条件が二つそろいました。しかし、それだけでは学びは起動しません。もう一つ、師が「教える気」になる必要があります。

〔内田樹「学ぶ力」による〕

1 よく出る ——線①「自分には『まだまだ学ばなければならないことがたくさんある』」とありますが、この意識を言いかえた言葉を、文章中から五字で抜き出しなさい。〔10点〕

ア 外国の映画俳優のふるまいがかっこいいと思って「師」とする。
イ 歴史小説に出てきた幕末の武士の生き方に共感して「師」とする。
ウ 宇宙についてわかりやすい本を書いた科学者を「師」とする。
エ 社会的な地位が高くて有名であることを基準にして「師」とする。

5 やや難 ——線⑤「『師を求めるセンサー』を機能させている」とはどういうことですか。適切なものを次から一つ選び、記号で答えなさい。〔10点〕

ア 自分にまだ学び足りないことはないかと、常に自分自身の実力をふりかえって反省を怠らないこと。
イ 一つのことにしぼって努力を続けるのではなく、次から次に興味の赴くままに関心の対象を移していくこと。
ウ 仕事や勉強をしているときは集中してがんばり、休日や休み時間は仕事や勉強のことは考えないこと。
エ 日々の暮らしの中で、すぐれたところのある人を探して、その人から学ぼうという意識をもっていること。

6 ——線⑥「教えてくれる人を『その気』にさせる」と同じような内容を表す部分を、文章中から抜き出しなさい。〔20点〕

漢字で書こう！ ①ゆうれつ ②もぐ(る) ③ふさ(がる)
答えは右ページ➡

文法の小窓３　付属語のいろいろ

確認

◆付属語は、活用がない「助詞」と、活用がある「助動詞」の二つがある。

5分間攻略ブック p.20

テストに出る！

ココが要点

●助詞…活用がない。次の四つに分類できる。

・格助詞…主に体言につく。主語・連用修飾語・連体修飾語をつくる。例犬が走る。（主語）

・接続助詞…接続語をつくる。例寒いので、服を着る。（順接）

・副助詞…意味をつけ加える。例十分だけ休む。（限定）

・終助詞…文や文節の終わりにつく。話し手（書き手）の気持ちや態度を示す。例公園に行こうよ。（勧誘の気持ち）

●助動詞…活用がある。さまざまな意味をつけ加えたり、話し手（書き手）の判断などを表したりする。

れる・られる（受け身／可能／自発／尊敬）　せる・させる（使役）

ない（打ち消し）　ようだ（推定／たとえ）　だ・です（断定）

う・よう（意志／勧誘／推量）　…など

例題

1 ――線ア～カから、A助詞、B助動詞を二つずつ探し、記号で答えなさい。

・明日は（ア）よい（イ）天気に（ウ）なる（エ）ようだ。海にでも（オ）行きたい（カ）気分だ。

A（　　）（　　）
B（　　）（　　）

答えと解説

1 A ア・オ　B エ・カ

単独で文節を作れないのが付属語。助詞・助動詞は、活用の有無で見分ける。

テストに出る！

予想問題

解答 p.11　20分　100点

1 ――線の助詞の種類をあとから一つずつ選び、記号で答えなさい。　4点×6〔24点〕

① 風が吹いている。　② ゆっくり休みたいよ。

③ 親友に話してみる。　④ 半分だけ残しておこう。

⑤ つらくてもがんばろう。　⑥ 赤ちゃんは泣いてばかりいる。

ア 格助詞　イ 接続助詞　ウ 副助詞　エ 終助詞

①	②	③	④	⑤	⑥

2 ――線の助詞がつくっている語句をあとから一つずつ選び、記号で答えなさい。　4点×6〔24点〕

① 寒かったが、我慢した。　② いすが余っている。

③ 前の人に伝えてください。　④ 姉と海へ行く。

⑤ 少ししか食べない。　⑥ 私はやりたくない。

ア 主語　イ 連体修飾語　ウ 連用修飾語　エ 接続語

①	②	③	④	⑤	⑥

3 次の副助詞が表す意味をあとから一つずつ選び、記号で答えなさい。　4点×4〔16点〕

① 次こそ優勝したい。　② パンと水さえあればいい。

③ 五分ほど待った。　④ 月も星も見えない。

漢字を読もう！　①一緒　②厳しい　③珍しい　←答えは左ページ

2 ――線の助詞の種類を選びなさい。

① 犬を飼いたい。（　）
② 犬を飼えば楽しい。（　）
③ 犬しか飼っていない。（　）
④ 犬を飼いたいな。（　）

ア　終助詞　　イ　接続助詞
ウ　副助詞　　エ　格助詞

3 ――線の助動詞は、どのような意味を表していますか。選びなさい。

① 今は食べない。（　）
② この猫の飼い主は私です。（　）
③ 赤ちゃんに水を飲ませる。（　）
④ まるで夢のようだ。（　）

ア　たとえ　　イ　打ち消し
ウ　使役　　エ　断定

4 よく出る ――線の助動詞は、どのような意味を表していますか。選びなさい。

① ガラスが割られていた。（　）
② 全部は食べられない。（　）
③ 昔のことがしのばれる。（　）
④ 先生が出席された。（　）

ア　自発　　イ　可能
ウ　受け身　　エ　尊敬

---

2 ①エ　②イ　③ウ　④ア

①**体言**について、**連用修飾語**をつくっている。②**接続語**をつくっている。③「**限定**」の意味をつけ加えている。④**文末**についている。

3 ①イ　②エ　③ウ　④ア

②「断定」とは、「これは～だ」などと、**きっぱりと言い切る**こと。③「使役」とは、**他のものにそうさせる**こと。

4 ①ウ　②イ　③ア　④エ

①「受け身」とは、**他のものからそうされる**こと。②「可能」は、「**そうすることができる**」という意味。③「自発」は、「**自然にそうなる**」という意味。

ア　程度　　イ　限定
ウ　強調　　エ　並立

①	②	③	④

4 よく出る ――線の助動詞が表す意味をあとから一つずつ選び、記号で答えなさい。　4点×6〔24点〕

① 今年は暑くなりそうだ。
② 会合は中止になるそうだ。
③ 今日は私の誕生日だ。
④ もう誰にも言うまい。
⑤ 十時までには来られよう。
⑥ さあ、一緒に出かけよう。

ア　伝聞　　イ　推量　　ウ　打ち消しの意志
エ　勧誘（かんゆう）　　オ　断定　　カ　様態

①	②	③
④	⑤	⑥

5 やや難 次の各組から、――線が助動詞である文を一つずつ選び、記号で答えなさい。　4点×3〔12点〕

①
ア　もうこれ以上はできない。
イ　話をする機会がない。
ウ　今日はあまり寒くない。

②
ア　自転車で通学する。
イ　これは私のかばんである。
ウ　静かで落ち着いた人だ。

③
ア　いかにも妹らしい絵だ。
イ　どうやら明日は雨らしい。
ウ　母の服はとても春らしい。

①	②	③

漢字で書こう！　①いっしょ　②きび（しい）　③めずら（しい）
答えは右ページ➡

豚

教科書 p.244〜p.245

主題

◇「豚」をさまざまな面から見た言葉を並べ、「豚」のイメージを変化させる作品。食品として身近な存在である「豚」が、命ある生き物であることを鮮烈に印象づける。

テストに出る！

ココが要点

詩の形式

●現代の言葉で、音数やリズムにきまりがない詩→口語自由詩

詩の構成

●連…詩の意味上のまとまり。連と連の間は一行空きで示される。

テストに出る！

予想問題

解答 p.12

30分

/100点

次の詩を読んで、問題に答えなさい。

豚　　木坂(きさか)涼(りょう)

ハム、ソーセージ
ベーコン
焼き豚

豚

背ロース、肩ロース
肩肉、ばら肉、もも肉、すね肉
ヒレ

2 よく出る この詩の奇数連（第一、三、五、七連）には、「豚」にまつわるどんな言葉が並んでいますか。後からそれぞれ一つずつ選び、記号で答えなさい。　5点×4〔20点〕

ア「豚」を食材として見たときの体の部位の名前。
イ「豚」の体の部位の名前と、それを料理で使ったときの名前。
ウ「豚」を原材料とする加工食品。
エ「豚」を食材とする料理名。

一連	三連	五連	七連

3 この詩では、偶数連（第二、四、六連）に同じ言葉が何度も出てきます。このような表現技法をなんといいますか。答えなさい。　〔10点〕

4 ――線①「泥に背中をこすりつけるのが目を細めるとき／でした」、――線②「子だくさん／でした」について答えなさい。

(1) よく出る ――線①・②からは、どんなことがわかりますか。次からそれぞれ一つずつ選び、記号で答えなさい。　10点×2〔20点〕

ア 豚がペットとして大切にされていたこと。
イ 豚が子どもをもつ母親であったこと。
ウ 豚が生き生きとした感情をもっていたこと。
エ 豚が不衛生な環境で生きていたこと。

①	②

漢字を読もう！　①酢豚　②泥　③肩
←答えは左ページ

豚

ステーキ
カツレツ
酢豚

豚

骨、頭、皮、耳、鼻、しっぽ
ひづめ、血液
スープ、ラード
①泥に背中をこすりつけるのが目を細めるとき
でした
②子だくさん
でした

1 よく出る この詩の形式を次から一つ選び、記号で答えなさい。〔10点〕

ア 口語自由詩
イ 口語定型詩
ウ 文語自由詩
エ 文語定型詩

(2) やや難 「……です」ではなく、「……でした」と過去形で書かれているのは、なぜですか。簡潔に説明しなさい。〔15点〕

5 この詩の構成の説明として最も適切なものを次から一つ選び、記号で答えなさい。〔10点〕

ア 前半では単語を並べただけだが、後半はだんだんと文が長くなり豚の様子を詳細に描き出している。
イ 何度も「豚」という単語をはさむことで、リズム感を生み、ユーモラスな雰囲気を感じさせる。
ウ 奇数連では、意図的にカタカナを多く使用することで、偶数連との雰囲気の違いを際立てている。
エ 初めは食肉を思わせる語句を並べ、最後に本来の豚の姿を描くことで、両者を対比している。

6 この詩の内容の説明として最も適切なものを次から一つ選び、記号で答えなさい。〔15点〕

ア 「豚」が、食品以外の用途でも、さまざまな形で私たちの生活に役立っていることを伝えている。
イ 普段、食肉として接することが多い「豚」が、かけがえのない命であることを強く感じさせる。
ウ 生き物である「豚」を食べる人間の身勝手さを強調し、肉食を止めるように訴（うった）えている。
エ さまざまな食材、料理となり、家畜としても愛らしい豚のすばらしさを表現している。

漢字で書こう! ①すぶた ②どろ ③かた
答えは右ページ➡

走れメロス

言葉の小窓3 類義語・対義語・多義語・同音語／漢字の広場4 同音の漢字

主題

◆メロスは、困難や苦悩(くのう)を乗り越えて、人の心の中にある信実を証明する。人間不信だった王は、そのようなメロスの姿を見て、人間への信頼を取り戻す。

➡5分間攻略ブック p.14／p.15

テストに出る！ ココが要点

王とメロスの対決（教 p.250～p.252）➤予想問題

● メロスは、人の心を疑うのは悪徳だと考えている。

● 王は、人間は私欲の塊(かたまり)だと考えている。➡人間不信

● 捕縛されたメロスは、友人を人質として、処刑までに三日間の猶予(ゆうよ)をもらう。王はだまされたふりをして、メロスの願いを聞く。

信実の証明（教 p.262～p.264）➤例題

● メロスは困難を乗り越え、約束の期限ぎりぎりに刑場へ到着する。

● メロスとセリヌンティウスは、お互いに対し、一度不信の気持ちを抱いたことを告白し、抱擁を交わす。

● 王は、二人が信実を証明したことを認め、不信の心を改める。

例題 信実の証明

「私だ、刑吏！　殺されるのは、私だ。メロスだ。彼を人質にした私は、ここにいる！」と、かすれた声で精いっぱいに叫びながら、ついにはりつけ台に登り、つり上げられてゆく友の両足に、かじりついた。群衆は、どよめいた。あっぱれ。許せ、と口々にわめいた。セリヌンティウスの縄は、ほどかれたのである。

「セリヌンティウス。」メロスは目に涙(なみだ)を浮かべて言った。

「私を殴れ。力いっぱいに頰を殴れ。私は、途中で一度、①**悪い夢を見た**。君がもし私を殴ってくれなかったら、私は君と抱擁する資格さえないのだ。殴れ。」

セリヌンティウスは、全てを察した様子でうなずき、刑場いっぱいに鳴り響くほど音高くメロスの右頰を

1 よく出る ——線①とは、どのようなことを表していますか。選びなさい。

ア　悪夢のような困難に苦しめられたこと。

イ　疲労のあまり眠ってしまったこと。

ウ　友の信頼を裏切ろうとしたこと。

（　　　）

2 よく出る ——線②とありますが、どのように疑ったのですか。考えて書きなさい。

メロスは、（　　　　　　　）のではないかと疑った。

答えと解説

1 ウ

困難にぶつかり、悪の道へと心が揺れたことを「悪い夢」と表現している。友を裏切ろうとしたことを隠したままでは、**相手の信頼に報いることができない**と考えて、正直に告白している。

2 例帰ってこない

友が帰ってこなければ自分は処刑される、という状況をふまえて考える。「**逃げた**」「**約束を破った**」「**自分を裏切った**」などでも正解。

漢字を読もう！　①醜い　②無駄　③今宵(こよい)

⬅答えは左ページ

殴った。殴ってから優しくほほえみ、

「メロス、私を殴れ。同じくらい音高く私の頬を殴れ。②**私はこの三日の間、たった一度だけ、ちらと君を疑った。**生まれて、初めて君を疑った。君が私を殴ってくれなければ、私は君と抱擁できない。」

メロスは腕にうなりをつけてセリヌンティウスの頬を殴った。

「ありがとう、友よ。」二人同時に言い、ひしと抱き合い、それからうれし泣きにおいおい③**声を放って泣いた。**

群衆の中からも、④**歔欷**（きょき）**の声**が聞こえた。暴君ディオニスは、群衆の背後から二人のさまを、まじまじと見つめていたが、やがて静かに二人に近づき、顔を赤らめて、こう言った。

「おまえらの望みはかなったぞ。⑤**おまえらは、わしの心に勝ったのだ。**信実とは、決して空虚な妄想ではなかった。どうか、わしをも仲間に入れてくれまいか。どうか、わしの願いを聞き入れて、⑥**おまえらの仲間**の一人にしてほしい。」

どっと群衆の間に、歓声が起こった。

〔太宰（だざい）治（おさむ）「走れメロス」による〕

---

3 ——線③のとき、二人はどのような気持ちだったのですか。選びなさい。
ア　処刑されずにすんで、ほっとした。
イ　友情と信頼を確認できて、うれしい。
ウ　友の裏切りの心を知って、悲しい。
（　　）

4 ——線④のとき、群衆は、どのような気持ちだったのですか。選びなさい。
ア　感動
イ　驚き
ウ　同情
（　　）

5 よく出る ——線⑤とありますが、これまでの王は、心にどのような考えを抱いていたのですか。
信実とは、□□□□□であるという考え。

6 ——線⑥とは、どのような仲間ですか。
人間の心にある□□を信じ、それを貫き通す仲間。

---

3 イ
直前の「**うれし泣きに**」に注目。お互いが、心の動揺や苦悩（くのう）を乗り越えて信実を貫いたことで、**友情と信頼を強く確認し合えた**のである。

4 ア
「歔欷」とは、**すすり泣きのこと。**メロスたちの様子を見て、感動して涙（なみだ）する者がいたということ。

5 空虚な妄想
直後に「信実とは、決して**空虚な妄想（実態のない、でたらめな空想）ではなかった**」とある。王が、それまで「信実」を信じていなかったことがわかる。

6 信実
メロスたちは、命をかけて約束を守り、王に「**信実**」の存在を証明した。王は、メロスたちのような**信頼で結ばれた仲間**に入りたいと思ったのである。

漢字で書こう！　①みにく（い）　②むだ　③（こ）よい
答えは右ページ➡

テストに出る！

予想問題

解答 p.12

30分

100点

1 次の文章を読んで、問題に答えなさい。

【「この短刀で何をするつもりであったか。言え！」暴君ディオニスは静かに、けれども威厳をもって問いつめた。その王の顔は蒼白（そうはく）で、眉間のしわは、刻み込まれたように深かった。

「町を暴君の手から救うのだ。」とメロスは悪びれずに答えた。

「おまえがか？」王は、憫笑（びんしょう）した。「しかたのないやつじゃ。おまえには、わしの孤独がわからぬ。」

「言うな！」とメロスは、いきりたって反駁（はんばく）した。「人の心を疑うのは、最も恥ずべき悪徳だ。王は、民の忠誠をさえ疑っておられる。」

「疑うのが、正当の心がまえなのだと、わしに教えてくれたのは、おまえたちだ。人の心は、あてにならない。人間は、もともと私欲の塊（かたまり）さ。信じては、ならぬ。」暴君は落ち着いてつぶやき、ほっとため息をついた。「わしだって、平和を望んでいるのだが。」

「なんのための平和だ。自分の地位を守るためか。」①今度はメロスが嘲笑した。「罪のない人を殺して、何が平和だ。」

「黙れ、下賤（げせん）の者。」王は、さっと顔を上げて報いた。「口では、どんな清らかなことでも言える。わしには、人のはらわたの奥底が見え透いてならぬ。おまえだって、いまに、はりつけになってから、泣いてわびたって聞かぬぞ。」

「ああ、王はりこうだ。うぬぼれているがよい。私は、ちゃんと死ぬる覚悟でいるのに。命乞いなど決してしない。ただ、——」と言いかけて、メロスは②足もとに視線を落とし瞬時ためらい、「ただ、私

1 よく出る メロスの信念が最も表れている一文を、【　】内のメロスの言葉の中から抜き出しなさい。〔10点〕

□

2 よく出る 王の人間観が最もよく表れている四字の言葉を、【　】内の王の言葉の中から抜き出しなさい。〔10点〕

□□□□

3 ——線①「今度はメロスが嘲笑した。」とありますが、メロスが王の言うことに対して嘲笑したのは、なぜですか。□にあてはまる言葉を、文章中から抜き出しなさい。5点×2〔10点〕

王が ⓐ□ と言っていながら、ⓑ□ いるのは、矛盾しているから。

4 ——線②「足もとに視線を落とし瞬時ためらい」とありますが、このときのメロスの気持ちとして適切なものを次から一つ選び、記号で答えなさい。〔10点〕

ア　誇りのために死ななければならないことを悔やむ気持ち。
イ　自分が死んだあとに一人残される妹を案じる気持ち。
ウ　王は自分の言葉を疑わないだろうと信じる気持ち。
エ　死に対する恐れをなんとか打ち消そうとする気持ち。

□

5 ——線③「願いを、聞いた。」とありますが、王がメロスの願いを聞いたのは、なぜですか。次から一つ選び、記号で答えなさい。〔10点〕

漢字を読もう！　①濁流　②車軸　③輝く
←答えは左ページ

に情けをかけたいつもりなら、処刑までに三日間の日限を与えてください。たった一人の妹に、亭主をもたせてやりたいのです。三日のうちに、私は村で結婚式を挙げさせ、必ず、ここへ帰ってきます。」

「ばかな。」と暴君は、しわがれた声で低く笑った。「とんでもないうそを言うわい。逃がした小鳥が帰ってくるというのか。」

「そうです。帰ってくるのです。」メロスは必死で言いはった。「私は約束を守ります。私を、三日間だけ許してください。妹が、私の帰りを待っているのだ。そんなに私を信じられないならば、よろしい、この町にセリヌンティウスという石工がいます。私の無二の友人だ。あれを、人質としてここに置いていこう。私が逃げてしまって、三日めの日暮れまで、ここに帰ってこなかったら、あの友人を絞め殺してください。頼む。そうしてください。」

それを聞いて王は、残虐な気持ちで、そっとほくそ笑んだ。生意気なことを言うわい。どうせ帰ってこないにきまっている。このうそつきにだまされたふりして、放してやるのもおもしろい。そうして身代わりの男を、三日めに殺してやるのも気味がいい。人は、これだから信じられぬと、わしは悲しい顔して、その身代わりの男を磔刑（たっけい）に処してやるのだ。世の中の、正直者とかいうやつばらにうんと見せつけてやりたいものさ。

③「願いを、聞いた。その身代わりを呼ぶがよい。三日めには日没までに帰ってこい。遅れたら、その身代わりを、きっと殺すぞ。ちょっと遅れてくるがいい。おまえの罪は、永遠に許してやろうぞ。」

④「なに、何をおっしゃる。」

「はは。命が大事だったら、遅れてこい。⑤おまえの心は、わかっているぞ。」

〔太宰（だざい）治（おさむ）「走れメロス」による〕

ア　人の心は信じられないが、情けをかけてやろうと思ったから。
イ　人の心が本当に信じられるものか試してみたくなったから。
ウ　人の心が信じられないことを皆に見せようと思ったから。
エ　人の心を信じることの正当性を証明しようと思ったから。

6　――線④「なに、何をおっしゃる。」には、メロスのどのような気持ちが表れていますか。次から一つ選び、記号で答えなさい。〔10点〕

ア　王に自分の提案を受け入れてもらえず見下されたことへの悔しさ。
イ　思いがけず自分の言うことを理解し受け入れてくれた王への感謝。
ウ　自分のひそかなたくらみが王に見破られてしまったことへの驚き。
エ　自分のことを信じないばかりか卑劣なことまで考える王への怒り。

7 やや難　――線⑤「おまえの心は、わかっているぞ。」とありますが、王はメロスがどうすると考えていますか。簡潔に書きなさい。〔16点〕

2　次の文の（　）に入る語を、○で囲みなさい。　4点×4〔16点〕

①
A　飛んできたボールをあわてて（**ア**　避ける・**イ**　よける）。
B　暗い道は（**ア**　避けて・**イ**　よけて）帰りなさい。

②
A　もっと早く帰ればよかったと（**ア**　思い・**イ**　考え）ました。
B　より良い方法を（**ア**　思って・**イ**　考えて）いるところです。

3 よく出る　――線の言葉を漢字に直して書きなさい。　4点×2〔8点〕

①　窓を開けてカンキする。
②　注意をカンキする。

①
②

漢字で書こう！　①だくりゅう　②しゃじく　③かがや（く）
答えは右ページ➡

悠久(ゆうきゅう)の自然

主題

◆日々の暮らしとは別の時間が流れているような「悠久の自然」とも言える自然が存在する。「悠久の自然」は、それを想像するだけで心に豊かさを与えてくれる。

テストに出る！ **ココが要点**

二つの大切な自然（教 p.306〜p.307）➤予想問題

●身近な自然…道端の草花や近くの川の流れ。

●悠久(ゆうきゅう)の自然…日々の暮らしとは別の時間が流れている自然。

日々の暮らしと関わらない遙(はる)か遠い自然。

→想像力という豊かさを与えてくれる。

テストに出る！ **予想問題**

解答 p.13 ⏱30分 /100点

次の文章を読んで、問題に答えなさい。

①いつしかあることが気にかかり始めた。それはヒグマのことだった。自分が生きている同じ国で、ヒグマが同時に生きていることが不思議でならなかった。もう少し詳しく言うと、例えば満員電車に揺(ゆ)られながら学校に向かう途中、東京の雑踏を歩いている時、ふとそのことが頭に浮かんでくるのである。今、この瞬間(しゅんかん)、ヒグマが原野を歩いているのかと……。

よく考えれば、あたりまえの話である。北海道にはまだたくさんの自然が残っているのだから。だが、その時はそんなふうには思えなかった。②自然とは、世界とはおもしろいものだと思った。それを今言葉にすると、全てのものに平等に同じ時間が流れている不思議さだったのだろう。

1 ——線①「いつしかあることが気にかかり始めた。」とありますが、そのとき筆者にとって気にかかったのはどのようなことですか。それを述べた部分を文章中から二十五字以上三十字以内で抜き出し、初めと終わりの五字を書きなさい。〔15点〕

□□□□□〜□□□□□

2 ——線②「自然とは、世界とはおもしろいものだと思った。」とありますが、このとき筆者が頭に浮かべたことはどのように表現できますか。□にあてはまる言葉を、文章中から抜き出しなさい。〔15点〕

北海道のヒグマにも、東京にいる自分にも、全てのものに平等に□不思議さ。

3 よく出る ——線③「南東アラスカの海でクジラを追う旅」に参加した友人は、クジラに出会ったことでどのような思いをもちましたか。適切なものを次から一つ選び、記号で答えなさい。〔15点〕

ア クジラを実際に目にすることができて感動するとともに、クジラの行動について深く興味をもった。

イ これから東京に戻ってまた忙しい日々が続いても、アラスカの海で見たクジラを思い出すと、忙しさを忘れることができる。

ウ これからは、東京で忙しく暮らしている時でも、アラスカの海ではクジラが飛び上がっていることを想像することができる。

漢字を読もう！ ①雑踏 ②圧倒 ③休暇 ←答えは左ページ

数年前、同じようなことを言った友人がいた。東京で忙しい編集者生活を送る彼女は、なんとか仕事のやりくりをしてアラスカの僕の旅に参加することになった。それは③南東アラスカの海でクジラを追う旅だった。僅か一週間の休暇であったが、幸運にも彼女はクジラと出会うことができた。ある日の夕暮れ、④ボートの近くに現れた一頭の巨大なザトウクジラが突然空中に舞い上がったのだった。クジラの行動が何を意味するのかはわからないが、それは言葉を失う、圧倒的な一瞬だった。

その時、彼女はこう言った。「仕事は忙しかったけれど、本当にアラスカに来てよかった。なぜかって？　東京で忙しい日々を送っているその時、アラスカの海でクジラが飛び上がっているかもしれない。そのことを知れただけでよかったんだ。」

僕には彼女の気持ちが痛いほどよくわかった。日々の暮らしに追われている時、もう一つの別の時間が流れている。それを⑤悠久の自然と言ってもよいだろう。そのことを知ることができたなら、いや想像でも心の片隅に意識することができたなら、⑥それは生きてゆくうえで一つの力になるような気がするのだ。

人間にとって、きっと二つの大切な自然があるのだろう。一つは、日々の暮らしの中で関わる身近な自然である。それは道端の草花であったり、近くの川の流れであったりする。そしてもう一つは、日々の暮らしと関わらない遥か遠い自然である。そこに行く必要はない。が、そこに在ると思えるだけで心が豊かになる自然である。それは僕たちに想像力という豊かさを与えてくれるからだと思う。

〔星野道夫「悠久の自然」による〕

エ　アラスカの海でクジラを目にして、東京で忙しい日々を送っているうちに忘れていた感動を味わうことができた。

4　――線④「ボートの近くに現れた……舞い上がった」とありますが、この瞬間の感動を表現した言葉を、文章中から十二字で抜き出しなさい。〔15点〕

5　よく出る　――線⑤「悠久の自然」の説明として適切なものを次から二つ選び、記号で答えなさい。〔10点×2（20点）〕

ア　道端の草花や近くの川の流れなど、身近にある自然。
イ　普段の忙しい生活とは、別の時間が流れている自然。
ウ　日々の暮らしとは関わらない、遥か遠くにある自然。
エ　その場へ出かけていって初めて知ることができる自然。
オ　遥か遠い外国の地にのみ存在する荒々しい自然。

6　やや難　――線⑥「それは生きてゆくうえで一つの力になる」とありますが、悠久の自然を意識することが「一つの力」になるのはなぜですか。文章中の言葉を使って書きなさい。〔20点〕

漢字で書こう！　①ざっとう　②あっとう　③きゅうか
答えは右ページ➡

扇の的——平家物語——

主題

◆那須与一が海上の扇を見事に射抜き、平家、源氏ともに称賛するが、その後、舞を舞った平家の男は源氏に射倒される。戦いの中の興趣と残酷さが表れる場面。

テストに出る！ ココが要点

古典の特徴的な表現

●係り結び…係りの助詞（ぞ・なむ・や・か・こそ）が用いられると、文末が変わる。

例晴れならずといふことぞなき。←（元の形は「なし」）

●助詞の省略…主語や対象を表す助詞が省略されることが多い。

例「与一（は）、目を塞いで」

●対句的表現…組み立ての似た語句を並べる表現。

例「沖には平家……。陸には源氏……。」

例題 的に向かう与一

頃は二月十八日の酉の刻ばかりのことなるに、①**をりふし北風激しくて、磯打つ波も高かりけり**。舟は、揺り上げ揺りすゑ漂へば、扇もくしに定まらずひらめいたり。②**沖には平家、舟を一面に並べて見物す**。陸には源氏、くつばみを並べてこれを見る。いづれもいづれも晴れならずといふことぞなき。与一、目を塞いで、「南無八幡大菩薩、わが国の神明、日光の権現、宇都宮、那須の湯泉大明神、願はくは、あの扇のまん中射させてたばせたまへ。これを射損ずるものならば、弓切り折り自害して、人に二たび面を向かふべからず。いま一度本国へ迎へんとおぼしめさば、この

テストに出る！ 予想問題

解答 p.13　20分　100点

次の文章を読んで、問題に答えなさい。

与一、鏑を取つてつがひ、よつ引いてひやうど放つ。①小兵といふぢやう、十二束三伏、弓は強し、浦響くほど長鳴りして、あやまたず扇の要ぎは一寸ばかりおいて、ひいふつとぞ射切つたる。鏑は海へ入りければ、扇は空へぞ上がりける。しばしは虚空にひらめきけるが、春風に一もみ二もみもまれて、②海へさつとぞ散つたりける。夕日のかかやいたるに、みな紅の扇の日出だしたるが、白波の上に漂ひ、浮きぬ沈みぬ揺られければ、③沖には平家、舟端をたたいて感じたり。陸には源氏、えびらをたたいてどよめきけり。

〔「扇の的——平家物語——」による〕

1 ——線①「小兵といふぢやう」について答えなさい。

(1) 現代仮名遣いに直し、全て平仮名で書きなさい。〔15点〕

(2) よく出る 「小兵」とは誰のことですか。文章中から抜き出しなさい。〔15点〕

漢字を読もう！ ①嵐　②逃れる
←答えは左ページ

矢はづさせたまふな。」

〔「扇の的――平家物語――」による〕

1 ――線①には助詞が省略されています。□にあてはまる助詞を書きなさい。

北風□激しくて、磯□打つ
波も高かりけり。

2 扇はどのような様子でしたか。選びなさい。

ア 竿の先にしっかり止まっていた。
イ 風に吹かれて、音を立てていた。
ウ 揺れる船の上でひらひらしていた。

（　　）

3 よく出る ――線②と対になる一文を抜き出し、初めの五字を書きなさい。

□□□□□

4 与一はどのような覚悟で矢を射ようとしていますか。

射損じた場合は、弓を折り、（　　）して、（　　）に二度と顔を合わせないという覚悟。

答えと解説

1 が（は）・を

主語を表す「が（は）」と、対象を表す「を」が省略されている。

2 ウ

「舟は、揺り上げ揺りすゑ漂へば、扇も……ひらめいたり。」に注目。

3 陸には源氏

沖の平家と、陸の源氏の様子を対照的に表現している。

4 自害・人

「これを射損ずる……向かふべからず。」に注目。平家からの挑戦を受け、源氏の名誉をかけて矢を射るので、与一は命がけで的に向かっている。

2 ――線②「海へさつとぞ散つたりける」について答えなさい。

(1) 「散つたりける」の主語（動作主）にあたる言葉を、文章中から抜き出しなさい。〔15点〕

□

(2) ここで用いられている係りの助詞を抜き出しなさい。〔15点〕

□

3 よく出る ――線③「沖には平家、舟端をたたいて感じたり。陸には源氏、えびらをたたいてどよめきけり。」と同じように、対になっている表現を文章中から抜き出し、初めと終わりの五字を書きなさい。（句読点は字数に含めない。）〔20点〕

□□□□□～□□□□□

4 やや難 与一のとった行動について、平家と源氏はそれぞれどのように受け止めていますか。適切なものを次から一つ選び、記号で答えなさい。〔20点〕

ア 与一が扇を射止めたことについて、源氏は感心しているが、平家は憤慨している。
イ 与一が扇を射止めることができなかったことについて、平家は喜んでいるが、源氏は失望している。
ウ 与一が扇を射止めたことについて、平家も源氏もともに感心して褒めたたえている。
エ 与一が扇を射止めることができなかったことについて、平家も源氏もともに強く非難している。

□

漢字で書こう！ ①あらし　②のが(れる)
答えは右ページ➡

季節をうたう

主題

◇二つの詩では、春の訪れを喜ぶ気持ちが、方言を用いてうたわれている。触覚、聴覚（ちょうかく）、嗅覚など、さまざまな感覚によって、全身で季節を感じている。

テストに出る！
ココが要点

表現の特徴（とくちょう）

- 方言…独特の語感、みずみずしさを味わう。
- 触覚・聴覚（ちょうかく）・嗅覚で捉えた表現に注目。
- 表現技法…**反復**・**体言止め**に注目。

テストに出る！
予想問題

解答 p.14　30分　100点

次のA・Bの詩を読んで、問題に答えなさい。

A 春でぇむん　　照屋（てるや）林賢（りんけん）

①風（カジ）ぬソイソイ　　風が吹いて
いいあんべぇ　　いい気持ち
肌（ム）持ち清（ジュ）らさ　　肌触りが清らか
いいあんべぇ　　いい気持ち
②波音（ウトゥ）ん　　波の音も
風ぬ声（クイ）ん　　風の声も
春でぇむん　　春だもの
春でぇむん　　春だもの
③花ぬかばさ　　花の匂い
いいあんべぇ　　いい気持ち

1 Aの詩に用いられている表現技法を次から一つ選び、記号で答えなさい。〔10点〕

ア 倒置法　イ 直喩法
ウ 隠喩法　エ 繰り返し

2 よく出る Aの詩のⓐ1〜8行め、ⓑ9〜16行めでは、それぞれどのような場所の春の様子が描かれていますか。それぞれ漢字二字以内で考えて答えなさい。5点×2〔10点〕

ⓐ
ⓑ

3 よく出る ――線①「風ぬソイソイ」・②「波音ん／風ぬ声ん」・③「花ぬかばさ」・④「ふきるウグイス」は、それぞれどの感覚で感じ取った内容ですか。次から一つずつ選び、記号で答えなさい。（同じ記号を何度使ってもよい。）5点×4〔20点〕

ア 触覚　イ 聴覚（ちょうかく）
ウ 視覚　エ 嗅覚

①
②
③
④

4 ――線⑤「いいあんべぇ……春でぇむん」についての説明として適切なものを次から一つ選び、記号で答えなさい。〔10点〕

ア 言葉を省略することで、迷いとまどう様子を表している。
イ 言葉を畳みかけ、過ぎ去る春を惜しむ気持ちを伝えている。
ウ 心地よいリズムで、春を満喫する気持ちを表現している。
エ キーワードを強調して、春という季節の重要性を訴（うった）えている。

漢字を読もう！　①肌　②吹く　③匂い
←答えは左ページ

④ふきるウグイス　鳴いているウグイス
いいあんべぇ　いい気持ち
野山(ヌヤマ)ぬ緑(ミドウリ)　野山の緑
色(イル)まさてぃ　色あざやか
春でぇむん　春だもの
春でぇむん　春だもの
⑤いいあんべぇ　いい気持ち
春でぇむん　春だもの
いいあんべぇ　いい気持ち
春でぇむん　春だもの

B

麗日(オデンキ)

一戸(いちのへ)　謙三(けんぞう)

⑥口笛吹エ(クツブエふ)で、
裏背戸(カグヂ)サ出(で)はれば、
青空ね、
凧(タゴ)のぶンぶの音(オド)アしてる。
⑦大屋根(おほやね)サ、
昼寝(シルネ)コしてる三毛猫(サンケネゴ)。
——ああ春だじゃな!
枝垂柳(スダレやなぎ)も青グなた。

5 ——線⑥「口笛吹エで」という表現から、作者のどのような様子がわかりますか。次から一つ選び、記号で答えなさい。〔10点〕

ア ぼんやりともの思いにふける様子。
イ うきうきと心を弾ませている様子。
ウ 投げやりな気分になっている様子。
エ 真剣に仕事に打ちこんでいる様子。

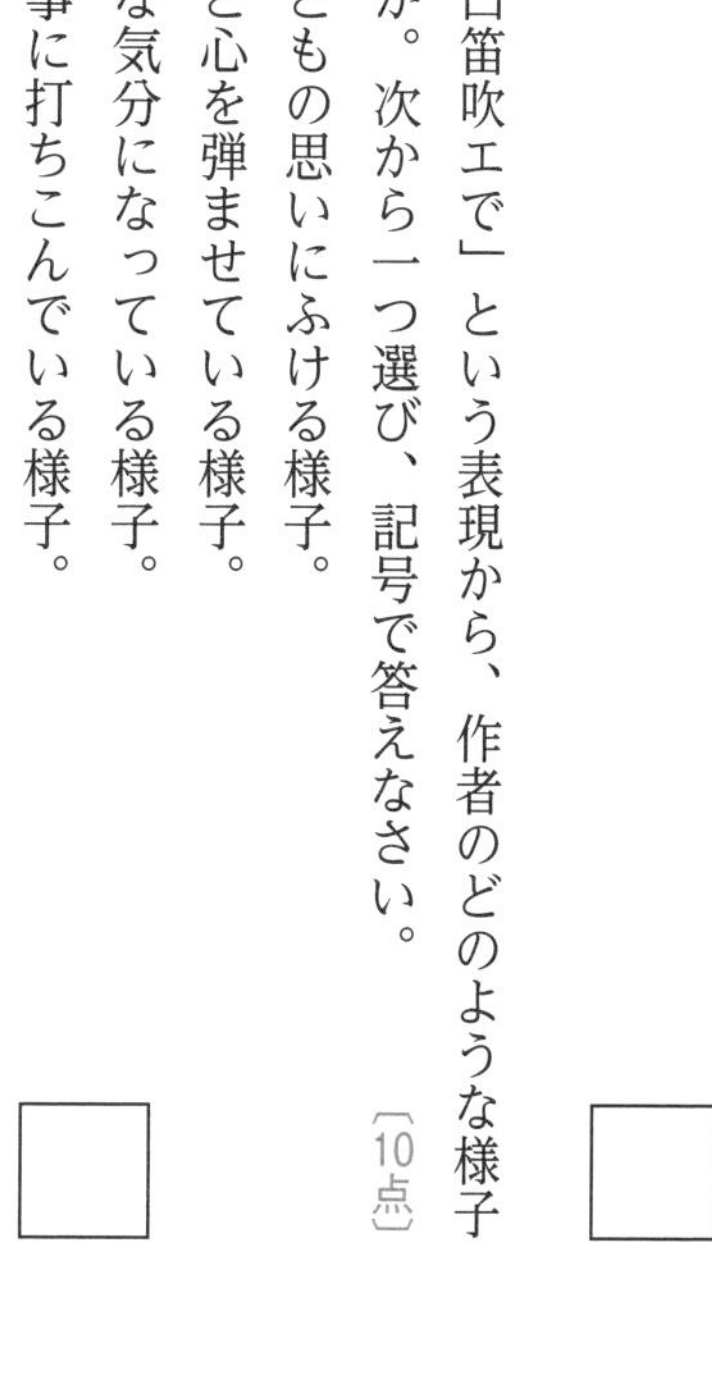

6 よく出る　Bの詩で、春らしさを聴覚で感じ取っていることがわかる言葉を、詩の中から七字で抜き出しなさい。〔10点〕

7 ——線⑦「昼寝コしてる三毛猫」に用いられている表現技法を次から一つ選び、記号で答えなさい。〔10点〕

ア 直喩法　**イ** 体言止め
ウ 倒置法　**エ** 擬人法

8 やや難　A・Bの詩は、どのような気持ちをうたったものですか。A・Bに共通して描かれている気持ちを、十五字以内で書きなさい。〔20点〕

漢字で書こう!　①はだ　②ふ(く)　③にお(い)
答えは右ページ➡

教科書 p.315〜p.317

字のない葉書

主題

◆戦時中、幼い妹から届いた「字のない葉書」にまつわる思い出には、ふだんは厳しく横暴なところもあった父の家族への愛情が表れていて、強く心に残っている。

テストに出る！ 予想問題

次の文章を読んで、問題に答えなさい。

解答 p.14　30分　100点

ところが、①次の日からマルは急激に小さくなっていった。情けない黒鉛筆の小マルはついにバツに変わった。その頃、少し離れた所に疎開していた上の妹が、下の妹に会いに行った。

下の妹は、校舎の壁に寄りかかって梅干しの種子をしゃぶっていたが、姉の姿を見ると種子をぺっと吐き出して泣いたそうな。

まもなくバツの葉書も来なくなった。三月めに母が迎えに行った時、百日咳を患っていた妹は、しらみだらけの頭で三畳の布団部屋に寝かされていたという。

妹が帰ってくる日、私と弟は家庭菜園のかぼちゃを全部収穫した。②小さいのに手をつけると叱る父も、この日は何も言わなかった。私と弟は、一抱えもある大物からてのひらにのるうらなりまで、二十数個のかぼちゃを一列に客間に並べた。これ位しか妹を喜ばせる方法がなかったのだ。

夜遅く、出窓を見張っていた弟が、

「帰ってきたよ！」

と叫んだ。茶の間に座っていた父は、はだしで表へ飛び出した。防火用水桶の前で、やせた妹の肩を抱き、③声をあげて泣いた。

〔向田 邦子「字のない葉書」による〕

1 やや難 ――線①「次の日からマルは……バツに変わった」とありますが、ここには、妹のどのような様子が表れていますか。〔40点〕

2 よく出る ――線②「小さいのに……何も言わなかった。」とありますが、父が「何も言わなかった」のは、なぜですか。□にあてはまる言葉を、文章中から抜き出しなさい。〔20点〕

父も、帰ってくる娘を□□□たいと思っていたから。

3 妹の姿を一刻も早く見たいという父の気持ちが、行動に表れている一文を文章中から抜き出し、初めの五字を書きなさい。〔20点〕

4 やや難 ――線③「声をあげて泣いた」とありますが、このときの父の気持ちを次から二つ選び、記号で答えなさい。10点×2〔20点〕

ア 幼い子につらい思いをさせてすまないと思う気持ち。
イ 疎開先から帰されてきたことを情けなく思う気持ち。
ウ 再び空襲の危険にさらすことを不安に思う気持ち。
エ とにかく無事に帰ってきたことに安心する気持ち。
オ 葉書が役に立たなかったことを残念に思う気持ち。

中間・期末の攻略本

解答と解説

取りはずして使えます！

教育出版版　国語2年

p.2～p.3 虹の足

1	2	3	4	5	6	7	8
エ	例空から日の光が一直線に差している様子。	ウ	イ	例村の人々には虹が見えないから。	イ	例自分が幸福であることに気づくことなく、幸福に生きていること。	幸福

解説

2　「みたいに」「ようだ」という表現は直喩法。

3　「虹の足」のイメージをふくらませ、「見た」ということを強調するために語句の順序を逆にしている。

4　「足を下ろした」は、人のふるまいを表す言葉なので擬人法。**ウ**は同じ表現を繰り返す技法。**エ**は、名詞（体言）で一文を終える技法。

5　虹の足は「村の人々には見えない」から、誰もさわろうとしないのである。

7　「そんなこと」の指す内容は、最後の四行に書かれている。

8　村の人々は虹の中にいながらそれに気づかない。同様に、人間は自分の幸福に気づかないことがあると作者は感じている。

最終チェック

詩の表現を読み取ろう！

・直喩法「乾麺みたいに」・倒置法「見たのだ、虹の足を。」

・擬人法「虹がそっと足を下ろした」

p.6～p.7 タオル

1	2	3	4	5	6	7	8
祖父	例みんなが祖父の思い出話をしているのを聞いて、祖父の死を実感したから。	エ	例家にいる時の写真では、祖父はタオルを巻いていたおでこのところだけが白くなっていたこと。	例祖父の遺体の額にタオルを巻いてあげること。	例ねじって細くして額に（きつく）巻いていた。	エ	ウ

解説

2　祖父のことを叔母や母は懐かしそうに笑って話している。それを聞いた少年は、すでに「思い出話」になっている祖父は亡くなった人であることを実感したのである。

3　少年にとって肉親の「死」はなじみのないものなので、祖父にまつわる物がわけもなく怖く感じられたのである。

5　――線⑤は、棺桶の中の祖父の「デコ」が白くなっているという話題を受けたもの。「タオルがないとおじいちゃんじゃないから」というシライさんの言葉も合わせて考える。

7　祖父への思いだけでなく、父の言葉、涙に触発されたこともおさえる。

8　「タオル」は祖父の分身ともいえるものである。

最終チェック

「タオル」が象徴する内容をおさえる！

漁師として生きた祖父の人生を象徴するタオルによって、「少年」は祖父の死を実感し、涙を流している。

p.8～p.9 文法の小窓1／漢字の広場1

1		2		3				4				5	
①	②	①	②	①	②	③	④	①	②	③	④	(1)	(2)
エ	ア	イ	ア	イ	エ	ア	ウ	エ	ア	○	イ	①魔 ②磨 ③摩	①溝 ②講 ③購

解説

1 ①遠くの場所を指す。②相手のそばの物を指す。

2 ①**イ**は「その→本が」と、名詞を含む文節を修飾しているので連体詞。他は名詞。②**ア**は「来る→三月十二日に」と、名詞を含む文節を修飾している。他は動詞。

3 ①「たぶん（～だろう）」、③「なぜ（～か）」は叙述の副詞。②は状態の副詞。④は程度の副詞。

4 ①は順接の関係。②は前の文の内容を言いかえている。③は前の文に別の内容の文を加えている。④は「ノート」と「メモ帳」が選択の関係。

5 同じ形をもち、音読みが同じ漢字は、部首の意味に注目して使い分ける。

最終チェック

特定の言い方があとにくる副詞が「叙述の副詞」！

・たぶん～でしょう（推量）、決して～ない（打ち消し）、なぜ～か（疑問）、ぜひ～ください（依頼）、もし～たら（仮定）など。

p.12～p.13 日本の花火の楽しみ

◇		
1	(1)	花火の命
	(2)	ウ
2		花火が開く
3		例全ての星が一つも残らず一瞬で消える
4		ア
5	A	演出
	B	動き
6		ウ
7	A	華やかさとはかなさ（と）
	B	情緒、風情

解説

◇

1 (1)「命」とは、最も重要な部分のたとえ。(2)二つめ～三つめの段落に、「星」の理想の姿について説明されている。

2 前の段落の「星を正確に～追い求める」に注目。

3 ――線③を含む一文から読み取る。「全ての星が一瞬で消える」という内容が書けていれば正解。

4 「こうして」の内容を前の部分から読み取る。花火が消えた後に「より鮮烈な印象とはかなさ」が感じられるので、消え去る時に完結する「芸術」なのである。

6 最後の段落に、「熟練された花火師によって……水準となっている」と述べられている。

7 最後の段落に筆者の考えがまとめられている。

最終チェック

二つの観点から、文章の要点をおさえる！

①花火師たちの高い技術→高水準の日本の花火を生んでいる。
②花火の芸術性→情緒、風情を求める日本人の琴線にふれる。

p.14～p.15 水の山　富士山

◇

1	2	3	4	5	6 ①	6 ②
約六十万年前・●約十万年前	例水は溶岩の穴を通って地中にしみ込んで地下水となっているから。	もしかした	イ	エ	1	2～4

（●は順不同）

解説

◇ **2** 直前の「そのため」に注目し、前の内容をまとめる。

3 ――線③の結果、溶岩流の末端で水が湧いているので、「溶岩流が、地下水の流れる道となっている」のではないかと仮説を立てたのである。

4 ――線④の直後の一文に「新しい溶岩と……十万年前の溶岩との間から湧き出した水」とある。

6 1段落では、「富士山に降った……だろうか。」「富士山からの……だろうか。」と、二つの問いを投げかけている。

2段落以降で富士山の構造を説明している。5段落からは、水の流れ方についての話題に変わっている。

最終チェック

富士山の水について知るための調査をおさえよう！

・富士山の内部の構造を調べた。
・地下で、水がどのように流れているのかを調べた。
・各地の水と、富士山とのつながりを調べた。

p.16～p.17 言葉の小窓1

問	①	②	③	④	⑤	⑥
1	イ	ウ	エ	イ	ア	
2	例召しあがる	例いただく	ご立派	例元気です	お米	ご飯
3	例お渡しする	○	例いらっしゃる（来られる）	○		
4	例兄は、今出かけております。	例先生からお手紙をいただいて、感動いたしました。	例母が、先生にうかがいたいことがあると申しておりました。			

解説

1 ⑤お客様の「ご意見」なので、尊敬語。

2 ②は「ちょうだいする」も正解。

3 ①「渡す」の主体は「私」なので、謙譲語に直す。③「参る」の主体は「先生」なので、尊敬語に直す。

4 文末は、「です」「ます」などを使い、丁寧（ていねい）語にする。①「お兄ちゃん」は身内なので、「兄」と直す。②「もらう」を謙譲語に直す。「手紙」を尊敬語「お手紙」に直す。③「お母さん」は身内なので、「母」と直す。「聞く」「言う」を謙譲語に直す。

最終チェック

身内に対して敬語を使わない！

外部に話すとき、身内に対する敬語を使うのは不適切。

例×母にお伝えします。（謙譲語を「母」に対して使わない。）

p.18～p.19 夢を跳（と）ぶ／言葉の小窓2

1

1	2	3	4	5	6
例子どもの頃からスポーツをやってきたので、足は命と同じくらい大事だということ。	例義足を使ってスポーツを続けられるかもしれない	エ	一人取り残された	●イ ●オ	例走れることがうれしかったから。

2

①	②
例遅れてしまった	例している

（●は順不同）

解説

1

1 ショックで声が出なかった「私」の心の叫びを代弁してくれた母の言葉に注目。

2 「よい義足」があるので、「スポーツだって、またできるようになる」という医師の言葉を聞いて気持ちが変わったのである。

3 エ「私」は、まだ将来について考えるところにまではいたっていない。

4 就職活動など未来へ向かう友達と、義足の生活になった「私」との対比を読み取る。

5 何か目標を見つけなければならないのに、それがわからずあせる気持ちを読み取る。

6 スポーツをする喜びが、困難を乗り越える筆者の心の支えになっているのである。

最終チェック

筆者の気持ちの変化を読み取ろう！

足を失うというショック→スポーツが続けられるという希望→大学に復帰した喜び→取り残される不安・あせり→スポーツで、再度希望を見いだす。

p.20～p.21 SNSから自由になるために／漢字の広場2

1

1	2	3	4 (1)	4 (2)
エ	手紙	他者と比較 ～ りする恐怖	例リアルな生活や人間関係にマイナスになる場合。	●SNSは多 ～ 識すること ●SNS内の ～ ぎないこと

2

①	②	③	④
イ	エ	ア	ウ

（●は順不同）

解説

1

1 第二～四段落に、SNSでトラブルが起きやすい理由が書かれている。

2 手紙は、文章が中心で「声が聞こえない」ため、気持ちが「伝わりにくい」点で、SNSと似ている部分がある。

3 直後に「と同時に……表裏（ひょうり）一体である」とある。人とつながりがあるということは、他人と比較をしたり、人間関係に悩んだりすることにもなるのである。

4 (1)直前に「リアルな……利用すべきではない」とある。「生活や人間関係によくない影響がある」という内容が書けていれば正解。設問で「どんな場合」と問われているので、文末は「～場合。」とまとめるとよい。

(2)「トラブルを避（さ）けるためにはどうすればよいだろうか」と述べたあと、「まず」「また」と順に説明されている。

最終チェック

SNSから自由になるためにどうすればよいのだろう?

・SNSに振り回されている状態→不自由

・自由な立場でSNSを利用するには……?

→「どうやってうまくつき合っていくのか」を意識する。

p.22〜p.23 「ここにいる」を言う意味

1		2		3	4	5
(1)	(2)	(1)	(2)			
「ここにいるよ」、と声を上げる	エ	所得の低い人々	しかし食糧	●イ ●エ	例子供がイジメを受けたり、親戚に迷惑をかけたりするのではないかと心配だから	イ

（●は順不同）

解説

1 (1)困っている人や社会的に弱い立場にある人が、自分は「ここにいる（救済してほしい、状況を理解してほしい）」と訴えることを「声を上げる」と言っている。
(2)ここでは、社会に対し自分の状況を知らせることをいう。

2 (2)アメリカの福祉施設には、低所得者が数多く集まり、互いに「交流」しており、日本の状況と対照的である。

3 **エ**「団体名」「差出人名」を表に出せないことから当事者が支援を受けていることを隠そうとしていることがわかる。

4 「子供へのイジメ」、「親戚への迷惑」という二つの内容が書けていれば正解。

5 最初と最後の段落に、筆者の考えが述べられている。

最終チェック

➡**「ここにいるよ」と声を上げるよう求められない理由**
・子供がイジメを受けるかもしれない
・親戚に迷惑をかけるのではないか
} 複雑な要素

p.24〜p.25 紙の建築

1	2			3	4	5
	(1)	(2) ⓐ	(2) ⓑ			
例被災者のプライバシーを守るため。	例避難所を訪ね歩き、管理者を説得するのに時間がかかりすぎたこと。	デモンストレーション	理解	熊本地震	ア	イ

解説

1 直前に「仕切りのない場所での避難生活」では「プライバシーがなく……まいってしまう」とある。これを解決するための間仕切りである。

2 (1)直後の「〜かかってしまいました」という表現に注目すると、これが「課題」であるとわかる。
(2)「そこで（＝課題があったので）……したのです。」という部分に注目。

4 **ア**「街の復興」に「必要とされる」とあるが、プロジェクトを「立ち上げる」とは書かれていないので不適切。**イ**「街の復興の……建築家が必要とされます」に注目。筆者は「街の復興」に建築家が必要としているので適切。**ウ**「建物が崩れ」て被害が出るのは「人為的な災害」だと述べており、建築家の責任を感じているとわかるので、適切。

5 直前の部分から「その」の指す内容を読み取る。

最終チェック

➡**筆者の考えは、最後のほうの段落に書かれている。**
・大きな建物を設計するのも、間仕切りを作るのも、同じくらいの喜び。
・住環境を改善するのが建築家としての使命。＝信念
↓規模の大小にかかわらず、住環境を改善することが使命。

p.26～p.27 文法の小窓2

1 ① し ② せ ③ け ④ け ⑤ ける

2 ① 連用形 ② 仮定形 ③ 未然形 ④ 終止形 ⑤ 命令形 ⑥ 連体形

3 ① エ ② ア ③ オ ④ イ ⑤ ウ

4 ① B ② A ③ C ④ B

5 ① B・エ ② A・オ ③ B・イ ④ A・イ

6 ① イ ② ア

解説

2 活用形は、――線の語に続く語に注目して考えるとよい。②は「仮定」を表す「ば」に続くので、「仮定形」。⑥は「こと」という名詞（体言）に続くので、連体形である。

3 カ変は「来る」のみ、サ変は「する」「○○する」のみ。その他の活用の種類は、「ない」をつけて見分ける。

4 ①自動詞は「変わる」、②他動詞は「集める」、④自動詞は「助かる」。

5 言い切りの形に直すと、形容詞は「い」、形容動詞は「だ・です」で終わる。

6 ①「ほしい（手に入れたい）」、②「ある（存在する）」という、本来の意味が薄れたものが補助用言。

最終チェック

➡活用の種類は、「ない」をつけて見分ける！

例「笑う」→「笑わない」…「わ」はア段の音→五段活用
「着る」→「着ない」…「き」はイ段の音→上一段活用
「やめる」→「やめない」…「め」はエ段の音→下一段活用

p.30～p.31 敦盛の最期――平家物語――

1
1 ⓐ まいらせん ⓑ なんじ
2 ●むずと ●どうど
3 熊谷（直実・熊谷次郎直実）
4 イ
5 ウ
6 例後ろから味方の軍勢がたくさんやってきたから。
7 エ
8 係り結び

2
1 エ
2 ●おごれる人も久しからず ●たけき者もつひには滅びぬ
3 ア

（●は順不同）

解説

1
2「むずと」は様子を表す語（擬態語）、「どうど」は音を表す語（擬音語）。
4 死を前にしても立派なふるまいをする若武者に、熊谷は武士として感動したのである。
6「後ろをきつと見ければ……続いたり」「味方の軍兵、雲霞のごとく候ふ」とある。「雲霞」とは、人が多く集まっている様子のたとえ。
7 ――線⑤は「ただ早く早く首をとれ。」という意味。若武者は武士として自らの命を差し出す覚悟なのである。

2
1「諸行無常」は、「平家物語」の根底に流れる思想。
2 三・四文めの対の表現で「盛者必衰」を言いかえている。
3「春の夜の夢」も、同じ事柄をたとえている。

最終チェック

➡「平家物語」の表現上の特徴と思想を読み取ろう！

①漢語の多用に慣れる。（「和漢混交文」という。）例「容顔」「美麗」
②作品の根底に流れる思想（「諸行無常」「盛者必衰」）を味わう。

p.32〜p.33 随筆の味わい——枕草子・徒然草——（枕草子）

◇								
1			2	3		4	5	
ⓐ	ⓑ	ⓒ		A	B		ⓐ	ⓑ
ウ	ア	イ	あけぼの（明け方）	イ	ア	エ	寒さ	白い灰

解説

◇ **1** ⓑ「つとめて」には「早朝」「翌朝」の意味があるが、ここでは「早朝」の意味。ⓒここでは、「火を急いでおこして、侍女が炭を持ち運ぶ様子も、いかにも冬の早朝に似つかわしい」という意味。

2 「あけぼの」は、夜が明けようとする頃。日の出直前の空の明るさを表す語である。

3 「山ぎは」は、山に接している「空」、「山の端」は、空に接している「山」を表す。

4 「さらなり」は、「いうまでもない」という意味。

5 ⓐ「ぬるくゆるびもていけば」は、「寒さがだんだんゆるんで暖かくなっていくと」という意味。ⓑ「白き灰がちになりて」は、「白い灰が多くなってきて」という意味。

最終チェック

➡「枕草子」で使われている語に注意しよう！

「をかし」や「あはれ」などの現代語と意味の異なる語、「つきづきし」や「わろし」などの今は使われていない語に注意する。

p.36〜p.37 随筆の味わい——枕草子・徒然草——（徒然草）

1								2				
1	2	3		4	5		6	1	2	3	4	5
		③	④		(1)	(2)						
エ	例 石清水（八幡宮）に参拝したいということ。	参りたる人（ごと）	（仁和寺にある）法師	神に参るこそ本意なれ（と思ひて、）	エ	例（極楽寺や高良などを石清水だと思い、）石清水に参拝せずに帰ってきたから。	こそ	例 猫またにおそわれること。	例 猫またが首のあたりを食べようとしていると思ったから。	這ふ這ふ	飼ひける犬	イ

解説

1 **1** 古文の「〜ば」は、仮定（〜すれば）、順接（〜ので）の意味を表す。ここは順接。

2 「年ごろ」は「長年」の意味。

4 法師は石清水が山の上にあることを知らず、物見遊山などで登っていると思ったのだ。

5 先達（案内者）がいなかったため、法師は麓の寺社だけを見て石清水を参拝せずに帰ってきてしまったのだ。

6 「こそ」があると、文末が「〜けれ」などの形になる。

2 **1** 「猫またになりて〜あなるものを」という言葉を聞いて心配していたのである。

2 「猫またが首を食べようとした」という内容が書けていれば正解。

最終チェック

➡係り結びに注意！

「なにごとかありけん」（疑問）

「神へ参るこそ本意なれ」

「……とぞ言ひける」（強調）

p.38〜p.39 二千五百年前からのメッセージ ——孔子（こうし）の言葉——

◇

1	2	3	4	5	6	7
ア	イ	朋有り遠方より来たる	例 他人が自分を理解してくれないこと。	ウ	不㆓亦 君 子ナラ㆒乎ト。	ⓐ 学ぶ ⓑ 君子

解説

◇ **2** 「また……ずや」は、「なんと……ではないか、じつに……である。」という意味の反語表現。

3 漢文は、上から順に読むのが原則。読み方の順序を示す記号（返り点）があるときは、それらに従って読む。レ点は、下から上に一字返って読む。一・二点は、一点のつく字から二点のつく字へ返って読む。

4 「人知らずして」は、「他人が自分を理解してくれなくても」という意味。

5 他人が自分を理解してくれなくても不満を抱かないことに対して、「立派な人物」と述べている。

6 「また……ずや」の反語表現に注意する。送り仮名は、付属語や活用語尾を片仮名で示す。

最終チェック

漢文特有の表現形式を読み取ろう！

・漢文を日本語として読むときに読まない文字を、「置き字」という。

例 学ビテ 而 時ニ 習㆑フ 之（これ）ヲ ……学びて時に之を習ふ

p.40〜p.41 坊（ぼっ）ちゃん

◇

1	2	3	4	5	6
例 兄に、自分のために母が早く死んだと言われたこと。	何がだめな	イ	エ	例 自分が本当にいい気性なら、清以外の者も、もう少し自分によくしてくれるだろうと思ったから。	ⓐ お世辞 ⓑ まっすぐ

解説

◇ **1** 「兄に親不孝だと言われたこと。」でも正解。

2 「今に（＝いまだに）わからない」から、過去をふり返って語っていることがわかる。

3 「俺（おれ）」のために泣きながら父親に謝ってくれた清（きよ）を、「気の毒」だと言っている。「俺」の性格から素直な感謝の言葉でこそないが、家族には見せない思いやりの気持ちを、清には見せているのである。

4 ——線③のあとに、「俺はとうてい人に好かれるたちでない……ちやほやしてくれるのを不審に考えた。」とある。

5 直後から読み取る。

6 無鉄砲で直情的な「俺」には、曲がったことを嫌う、まっすぐな一面もあることをおさえておく。

最終チェック

「俺」の人物像を読み取ろう！

・「兄の横っつらを張って」「飛車（ひしゃ）を眉間（みけん）へたたきつけてやった」

・「先方の言うとおり勘当されるつもり」

→直情的で、意地っぱりな人物だとわかる。

p.44～p.45 短歌の味わい

◇

問	解答
1	A 二　D 三
2	ウ
3	例素晴らしい人生を得ること。
4	例夜
5	ア
6	例（海を知らない）少女に海の大きさを教えようとしている。
7	鍵
8	ピアスの穴
9	① E　② D　③ F
10	① F　② E　③ H

解説

◇ **2** 白鳥の「白」が「空の青 海のあを」に溶け込むことのない様子に孤独を感じている。

3 「得よ」という呼びかけの形（命令形）に注目しよう。

6 両手を大きく広げて、海の広さを表そうとしている。

7 「鍵」は信頼のおける相手にしか渡せないもの。それを裏切ってしまいそうな、ぼんやりとした不安を描いている。

8 清らかな「賛美歌」と、身を飾り立てるための「ピアスの穴」を対照的に描いている。

9 ①最後が「心」で終わる。②「一目見ん一目みん」に注目。③語順が変わっている。

10 ①社会に閉塞感があるので「脱出したし」と感じている。③バスが「一人の判断」で動いているという事実を描く。

最終チェック

↓短歌の句切れをおさえておこう！

A「白鳥はかなしからずや」で意味が切れる→二句切れ

B「早春の……立てるをとめよ」で意味が切れる→中間切れ

D「みちのくの母のいのちを一目みん」で意味が切れる→三句切れ

p.48～p.49 夏の葬列／漢字の広場3

大問	問	解答
1	1	艦載機
	2	ウ
	3	例ヒロ子さんが、「彼」を助けるため（に走っている）。
	4	ア
	5	ヒロ子さん
	6	●イ　●オ
	7	ⓐ白い服　ⓑ絶好の目標
	8	例自分は死にたくないという思い（から）。
	9	例艦載機に撃たれた
2	①	イ
	②	ア

（●は順不同）

解説

1 **1** 比喩を使った表現である。この文章では他にも、「何かを引きはがすような激しい連続音」などのように、比喩が多く用いられている。

3 決して自分が助かるために走ったのではない。「彼」を助けるために、危険を冒して走り出したのである。

4 恐怖に追い詰められた状況での本能的な行動である。

6 **ア**…目の前のことしか考えられないほど事態は切迫していたはずなので、不適切。**ウ**…「目をつり上げ」ているのは恐怖のためなので、不適切。**エ**…白い服が目標になることを本人は意識していないので、不適切。

最終チェック

↓主人公を指す人称代名詞に注意する！

「彼」＝語り手が主人公の説明をする場面。

「俺」＝現在の主人公の思いや心情が直接語られる場面。

「僕」＝少年の頃の主人公の思いが直接表現される場面。

p.52～p.53 ガイアの知性

◇

- 1
  - (1) 例 鯨や象が人間と対等の「知性」をもっているとは思えないという常識。
  - (2) ウ
- 2 調教師を喜ばせるため / 生きることを楽しむため
- 3 狭いプール ～ 過酷な状況
- 4 二
- 5 水中で生活している七メートルの巨体の持ち主
- 6 オルカ自身の意志と選択

解説

◇

1 (1)前の段落の「自らは何も生産せず、……とても思えない」が「この常識」の内容。
(2)次の段落で、「疑問」の詳しい内容が書かれている。

2 オルカやイルカの行動は本能によるのではなく、「知性」に基づくことを述べた部分。次の段落の「そして、その状況を……始めるのだ。」に注目する。

3 「捕らわれの身」とは、オルカやイルカが人間に捕らわれて、自由のきかない状況に置かれたということ。最後の段落に言いかえた言葉がある。

4 次の段落で、「例えば、……。また、……。」と、二つの例が述べられている。

最終チェック

➡オルカやイルカ、象の例をあげて筆者が言おうとしている事柄を読み取ろう!

・鯨や象は「知性」をもっている。
・その知性は、人の「知性」とは全く別種の「知性」である。

p.54～p.55 学びのチャレンジ

1

- 1
  - (1) 三・二
  - (2) ① 選挙管理委員会 ② ●立候補者 ●推薦者
  - (3) 二十三（二三）・六
- 2
  - (1) 例 三年生は卒業してしまうため、来年度はいないから。
  - (2) ① ○ ② 四・三
- 3
  - (1) 寺崎鉄夫
  - (2) ① 一五一（百五十一） ② ●ア ●イ

2

- 1 お金を得るために働く・四十九（四九）・生きがいをみつけるために働く
- 2
  - (1) 他者からのアテンション
  - (2) ウ

（●は順不同）

解説

1

1 (3)【生徒会規約の一部】によると、選挙運動の期間は、「立候補届けをした日から、投票日の前日」である。

2 (1)来年度も活動する生徒会役員を決めていることに注意。「三年生が卒業する」という内容が書ければ正解。
(2)【生徒会規約の一部】に選挙運動は「校内に限」るとある。

3 (2)信任投票では過半数の信任が必要である。

2

1 グラフを読み取るときには、数値の大きい部分、小さい部分に注目して、全体の傾向をとらえる。

2 (2)「他者からのアテンション」に注目する本、働いていて感謝された体験や見聞をあげていることから考える。

最終チェック

➡「規約」と活動のつながりを知り、正確に読み取ろう!

・「役員選挙の告示」「選挙活動」「投票」「当選・落選の決定」などは、すべて「生徒会規約」をもとに行われる。
・規約は、「なぜそうなっているか」を考えて読み取ろう。

p.56～p.57 学ぶ力

◇

1	2		3	4	5	6
無知の自覚	(1) エ	(2) 例これ以上学ぶことはないと思っている人。	(教えてくれる)「師(先生)」を自ら見つけようとすること	エ	エ	師が「教える気」になる

解説

◇ **2** (2)直前の「このような人」の指す部分を答える。直前の文に、「私はもう知るべき……学ぶことはない。」とある。

3 「学ぶ力が伸びる」ための第二の条件として述べられている。

4 筆者のいう「師」とは、自分に学ぶべきことを教えてくれる人のこと。単に「社会的な地位が高」いことや「有名」であることを基準にして「師」とするのは誤り。

5 「生きて暮らしていれば、いたるところに師あり」ということ。**ア**…自分自身を反省することではない。**イ**…興味の対象を常に変えることではない。**ウ**…休日や休み時間でも、学ぼうという意識をもっているのがよい。

最終チェック

「学力」についての筆者の考え方を読み取ろう!

・一般には…「数値で表せる成績や点数」と考える。

・筆者…自ら師を見つけ、積極的に「学ぼうとする力」と考える。

p.58～p.59 文法の小窓3

	①	②	③	④	⑤	⑥
1	ア	エ	ア	ウ	イ	ウ
2	エ	ア	イ	ウ	ウ	ア
3	ウ	イ	ア	エ		
4	カ	ア	オ	ウ	イ	エ
5	ア	イ	イ			

解説

1 ④・⑥「限定」を表す副助詞。⑤「仮定の逆接」を表す接続助詞。

2 ①「逆接」を表す接続助詞。③体言(名詞)を修飾する格助詞。④用言を修飾する格助詞。⑥「他との区別」を表す副助詞。

4 ①「暑くなる様子だ」という意味。②「中止になると聞いた」という意味。⑤「来られると推量する」という意味。

5 ①**ア**…打ち消しの助動詞。**イ**…形容詞、**ウ**…補助形容詞。「ぬ」に置きかえられる。②**ア**…格助詞、**イ**…断定の助動詞「だ」、**ウ**…形容動詞「静かだ」の活用語尾。③**ア**「妹らしい」、**ウ**「春らしい」はどちらも一語の形容詞。

最終チェック

「ない」の品詞の見分け方を覚えよう!

①助動詞「ない」…助動詞「ぬ」に置きかえられる。「できぬ」

②形容詞「ない」…直前で文節が区切れる。「気力が／ない」

③補助形容詞「ない」…「は」を入れられる。「寒く(は)ない」

p.60～p.61 豚

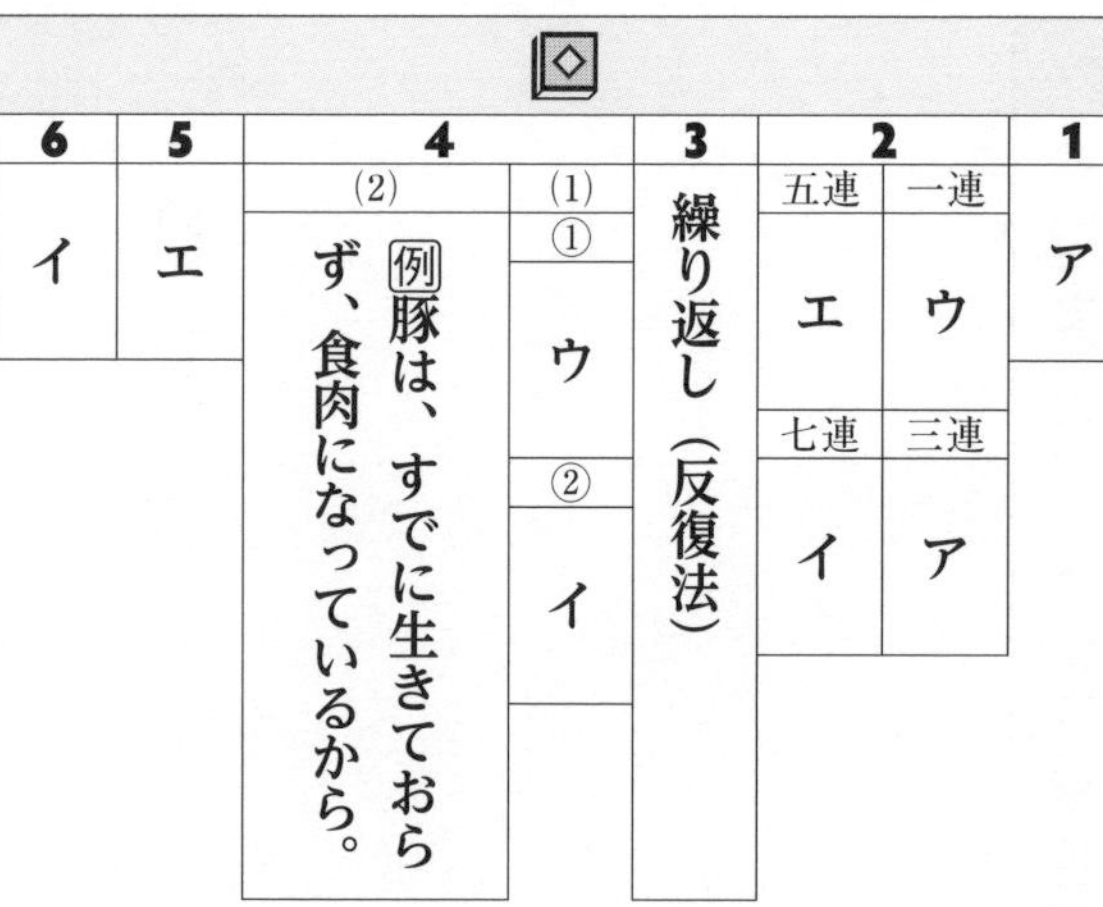

◇

1	2				3	4			5	6
	一連	三連	五連	七連		(1)①	(1)②	(2)		
ア	ウ	ア	エ	イ	繰り返し（反復法）	ウ	イ	例豚は、すでに生きておらず、食肉になっているから。	エ	イ

解説

◇

1 現代の話し言葉で書かれており、音数にきまりがないので、口語自由詩。

2 加工食品名、料理名などが並べられ、読み手の中の「豚」は「食材」のイメージが強くなる構成になっている。

4 (1)①豚が「目を細め」て喜ぶときがあったこと、②豚に子どももいたことがわかる。(2)改行して「でした」という過去形を強調している。解答は「豚が死んでいる」または「豚がもう食べ物になった」ことが書けていれば正解。

5 初めは「食材」のイメージ、最後には「生き物」のイメージが呼び起こされる構成。

6 **ウ**は「肉食を止めるように」が不適切。**エ**は「豚のすばらしさを表現」が不適切。

最終チェック

「豚」の詩の構成をおさえよう！

・「ハム」「背ロース」「ステーキ」→「食材」としての「豚」
・「目を細める」「子だくさん」→かけがえのない命を持つ「豚」
→二つを対比し、生き物である「豚」のイメージを強調。

p.64～p.65 走れメロス／言葉の小窓3／漢字の広場4

1								2		3
1	2	3ⓐ	3ⓑ	4	5	6	7	①	②	
人の心を疑うのは、最も恥ずべき悪徳だ。	私欲の塊	平和を望んでいる	罪のない人を殺して	イ	ウ	エ	例自分が助かるために、三日めの日没に遅れてくる（と考えている）。	A イ　B ア	A ア　B イ	① 換気　② 喚起

解説

1

1・2 メロスと王は、人の心を信じられるかどうかについて、正面から対立している。メロスの信念は王に反駁（はんばく）した言葉の中に、王の人間観は「（人の心を）疑うのが、正当の心がまえなのだ」で始まる会話部分に述べられている。

4 直後のメロスの言葉に着目する。メロスは死ぬ覚悟でいるが、たった一人の妹の結婚式を挙げさせたいために、王に情けを乞うたのである。

5 ――線③の前の段落全体に、王が心の中で思った内容が書かれている。

7 人の心を信じられない王は、メロスの言葉も全く信用していない。「約束を破って、自分は助かろうとする（と考えている）。」などでも正解。

最終チェック

物語に臨場感をもたせる書き方に注目しよう！

王が心の中で思っていることを、かぎかっこを使わないで書いている＝「生意気なことを言うわい。……見せつけてやりたいものさ。」

p.66～p.67 悠久の自然

◇

1	2	3	4	5		6
自分が生き ～ ていること	同じ時間が流れている	ウ	言葉を失う、圧倒的な一瞬	●イ	●ウ	例 人間に想像力を与え、心を豊かにしてくれるから。

（●は順不同）

解説

◇ **2** 東京にいる筆者も北海道にいるヒグマも、同じ時間を生きているということ。

3 次の段落に、「東京で忙しい日々を……よかったんだ。」とある。**ア**…クジラの行動について興味をもったのではない。**イ**…東京の忙しさを忘れられるからではない。**エ**…東京で忘れていた感動を味わえるからではない。

5 「そこに行く必要はない」とあるので、**エ**は不適切。また「外国」に限らないので、**オ**も不適切。

6 「悠久の自然」とは「そこに在ると思えるだけで心が豊かになる」「想像力という豊かさを与えてくれる」自然である。

最終チェック

「人間と自然との関わり」と「時間」との関係を読み取ろう！

・全てのものに平等に同じ時間が流れている。
・人間が日々の暮らしに追われている時も、遙かな自然には悠久の時間が流れている。

p.68～p.69 扇の的――平家物語――

◇

1 (1)	1 (2)	2 (1)	2 (2)	3	4
こひょうというじょう	与一	扇（は）	ぞ	鏑は海へ入 ～ 上がりける	ウ

解説

◇ **1** (1)ハ行の音→ワ行にかえるので、「いふ」→「いう」となる。「ぢやう」は「じょう」となる。
(2)「小兵といふぢやう」は、「小兵ということで」という意味。扇を射切った武者のことだから、与一を指す。

2 (2)係り結びをつくる係りの助詞は、「ぞ・なむ・や・か・こそ」。

3 海へ落ちる鏑と空へ舞い上がる扇を対照的に描いた表現。

4 与一の見事な弓の腕前に対して、味方の源氏ばかりでなく、敵の平家も褒めたたえている。

最終チェック

武士たちの人物像を読み取ろう！

・与一…命を捨てる覚悟と、重圧をはねのけた精神力。
・平家・源氏…与一のすばらしい弓術を、敵味方をこえて称賛。
・源義経…舟の上で舞う平家の武将を射させた冷酷さ。

p.70〜p.71 季節をうたう

◇

1	2 ⓐ	2 ⓑ	3 ①	3 ②	3 ③	3 ④	4	5	6	7	8
エ	例海（海辺・浜辺）	例野山（山）	ア	イ	エ	イ	ウ	イ	凧のぶンぶの音	イ	例春が来たことを喜ぶ気持ち。

解説

◇ **1** 「いいあんべぇ」「春でぇむん」といった言葉が繰り返されている。

2 ⓐは「波音ん（ウトゥ）／風ぬ声ん（クイ）」、ⓑは「花」「ウグイス」「野山（ヌヤマ）ぬ緑（ミドゥリ）」から考える。

3 ④「ふきるウグイス」は、「鳴いているウグイス」の意味で、聴覚（ちょうかく）。体中のさまざまな感覚で春を感じている。

4 同じ言葉の繰り返しから、心地よいリズムが生まれており、同時に春の心地よさを感じる気持ちも伝わってくる。

5 思わず口笛を吹きたくなるような、心地よい陽気であることが伝わってくる。

7 文末が体言（名詞）で終わっているので、体言止め。

8 「春の訪れを喜ぶ」という内容が書けていれば正解。

最終チェック

人間のもつ五つの感覚を確認しよう！

視覚（目で見る感覚）、嗅覚（匂いを感じる感覚）、聴覚（ちょうかく）（音を感じる感覚）、触覚（触って感じる感覚）、味覚（味を感じる感覚）。これらを「五感」という。

p.72 字のない葉書

◇

1	2	3	4
例どんどん元気がなくなっていく様子。	喜ばせ	茶の間に座	●ア ●エ

（●は順不同）

解説

◇ **1** 元気がないから、バツ印を書いたのだと想像できる。

2 妹を喜ばせたかった筆者や弟と、父は同じ気持ちだったのである。

3 「はだし」で「飛び出した」のは、一刻も早く妹の姿を見たかったからである。

4 字も書けないほど幼い娘を疎開させていた父の思いをとらえる。疎開させるのは命を守るためではあるが、親元を離れて一人でいる娘のことが、父としては心配で哀れだったのだ。

最終チェック

「字のない葉書」がもつ意味を捉える！

筆者の父は、ふだんは「暴君」であり、優しさを表に出さなかった。「字のない葉書」は筆者にとって、実は家族に深い愛情をもっていた父を、なつかしく思い出させてくれるものである。

JASRAC 出 2009325-102
6 5 4 3 2
D C B A

中間・期末の攻略本

テストに出る！

5分間攻略ブック

教育出版版

国語
2年

教科書の漢字をすべて出題

国語の重要ポイント総まとめ
<文法・古典など>

赤シートを
活用しよう！

テスト前に最後のチェック！
休み時間にも使えるよ♪

「5分間攻略ブック」は取りはずして使用できます。

★は新出漢字の教科書本文外の読み方です。

虹の足　教 p.16~p.18

- ☐① 雨上がりにニジが出る。　①虹
- ☐② カンメンを食べる。　②乾麺
- ☐③ そっと妹のかたをダク。　③抱く
- ☐④ ホオが赤く染まる。　④頬（頰）
- ☐⑤★新年度のホウフを発表する。　⑤抱負

タオル　教 p.22~p.35

- ☐① 帯をきつくシメル。　①締める
- ☐② 正月にシンセキが集まる。　②親戚
- ☐③ 「ごジュウショウさま」と言う。　③愁傷
- ☐④ サイダンに手を合わせる。　④祭壇
- ☐⑤ がっくりとカタを落とす。　⑤肩
- ☐⑥ 足もとの石をケル。　⑥蹴る
- ☐⑦ 親の妹を叔母という。　⑦おば〈しゅくぼ〉
- ☐⑧ 遺影に向かってガッショウする。　⑧合掌
- ☐⑨ 通夜の席でショウコウする。　⑨焼香
- ☐⑩ 居心地のいい公園。　⑩いごこち
- ☐⑪ ホテルにトマル。　⑪泊まる
- ☐⑫ 高原のベッソウ。　⑫別荘
- ☐⑬ ヤッカイ払いされてしまう。　⑬厄介
- ☐⑭ 母に友人をショウカイする。　⑭紹介
- ☐⑮ かつおの一本ヅリをする。　⑮釣り
- ☐⑯ ニジッセキの船が浮かぶ。　⑯二十隻
- ☐⑰ コバチに料理を盛り付ける。　⑰小鉢
- ☐⑱ シュンの魚を調理する。　⑱旬
- ☐⑲ 青菜をス味噌であえる。　⑲酢
- ☐⑳ アマミが強い果物。　⑳甘み〈甘味〉
- ☐㉑ 法事後の会食でケンパイする。　㉑献杯
- ☐㉒ フウトウに切手を貼る。　㉒封筒
- ☐㉓ 二十歳の誕生日。　㉓はたち
- ☐㉔ 二十のお祝いをする。　㉔はたち
- ☐㉕ 野菜を市場にオロス。　㉕卸す
- ☐㉖ かべに絵をカケル。　㉖掛ける
- ☐㉗ 落ち着いたフンイキの部屋。　㉗雰囲気
- ☐㉘ 父の会社をツグ。　㉘継ぐ
- ☐㉙ 欠席のレンラクをする。　㉙連絡
- ☐㉚ 自分のむすこを「グソク」と呼ぶ。　㉚愚息
- ☐㉛ 負けてクヤシイ思いをする。　㉛悔しい
- ☐㉜ テーブルを布巾でフク。　㉜拭く
- ☐㉝ 風呂で体を洗う。　㉝呂

☑㉞ 空模様がアヤシイ。
☑㉟ カン桶（おけ）を運ぶ。
☑㊱ メイドのみやげにする。
☑㊲★ 反対意見をイッシュウする。
☑㊳★ 失敗してコウカイする。
☑㊴★ カイブツが登場する絵本。

㉞怪しい
㉟棺
㊱冥土〈冥途〉
㊲一蹴
㊳後悔
㊴怪物

漢字の広場1　まちがえやすい漢字　教 p.40~p.41

☑① ほめられてケンソンする。
☑② ケンエンの権利が定着する。
☑③ シンシュクする素材。
☑④ 四十がらみのシンシ。
☑⑤ イドが高い地方。
☑⑥ 専門家のケンリョを仰ぐ。
☑⑦ 敵のケンルイを破る。
☑⑧ 神経をショウモウする仕事。
☑⑨ ショウサンは化学物質の一種だ。
☑⑩ 道のソッコウに雨水がたまる。
☑⑪ 観光客のコウバイ力が高い。
☑⑫ 調査したコトガラを説明する。
☑⑬ 僧（そう）がザゼンを組む。

①謙遜（遜）
②嫌煙
③伸縮
④紳士
⑤緯度
⑥賢慮
⑦堅塁
⑧消耗
⑨硝酸
⑩側溝
⑪購買
⑫事柄
⑬座禅

☑⑭ 吉（きっ）ショウを表す図案。
☑⑮ ナガソデのシャツを着る。
☑⑯ 犯人のエリクビをおさえる。
☑⑰ 日々のタンレンの成果が出る。
☑⑱ ショクゼンをにぎわす料理。
☑⑲ 時計をシュウゼンに出す。
☑⑳ カッショクの液体。
☑㉑ 舞台にカッサイを送る。
☑㉒ 相手の連勝をソシする。
☑㉓ ソゼイを国に納める。
☑㉔ 記念にソシナを配る。
☑㉕ やすりで表面をケンマする。
☑㉖ マサツで熱が生じる。
☑㉗ おこづかいをケンヤクする。
☑㉘★ 服のほころびをツクロウ。
☑㉙★ 編み目のアライセーター。

⑭祥
⑮長袖
⑯襟首
⑰鍛錬
⑱食膳
⑲修繕
⑳褐色
㉑喝采
㉒阻止
㉓租税
㉔粗品
㉕研磨
㉖摩擦
㉗倹約
㉘繕う
㉙粗い

漢字の練習1　教 p.43

☑① 門の前でニオウ立ちになる。
☑② オオヤケの立場で意見する。
☑③ コクダカを決定する。

①仁王
②公
③石高

★は新出漢字の教科書本文外の読み方です。

問題	答え
☑④ 営業の職にツク。	④就く
☑⑤ ホガラカな笑い声。	⑤朗らか
☑⑥ 牛にはイッツイの角がある。	⑥一対
☑⑦ 立派なウツワを展示する。	⑦器
☑⑧ 住所にオオアザのつく地域。	⑧大字
☑⑨ 母はまだヤミアガリだ。	⑨病み上がり
☑⑩ 馬のタヅナを強く引く。	⑩手綱
☑⑪ イクサの準備をする。	⑪戦
☑⑫ 事業の拡大をハカル。	⑫図る
☑⑬ 海にノゾム町に住む。	⑬臨む
☑⑭ 感動してメガシラが熱くなる。	⑭目頭
☑⑮ 昔からのアキナイを続ける。	⑮商い
☑⑯ 信頼をソコナウ。	⑯損なう
☑⑰ この件については説明がイル。	⑰要る
☑⑱ 地元のウジガミ様をまつる。	⑱氏神
☑⑲ カロヤカな声が聞こえる。	⑲軽やか
☑⑳ チノミゴを育てる。	⑳乳飲み子
☑㉑ セミのウカを観察する。	㉑羽化
☑㉒ 生徒のインソツを担当する。	㉒引率
☑㉓ 大きな声でベンゼツを振るう。	㉓弁舌
☑㉔ ジャクネンソウを対象にする。	㉔若年層
☑㉕ 二つの事件にはルイジ点がある。	㉕類似
☑㉖ たくさんのチキを得る。	㉖知己
☑㉗ オノレを見つめ直す。	㉗己
☑㉘ 無償でタイヨを受ける。	㉘貸与
☑㉙ 明けのミョウジョウが光る。	㉙明星

日本の花火の楽しみ　教 p.48~p.53

問題	答え
☑① オウベイの文化を学ぶ。	①欧米
☑② ミリョクがある話し方。	②魅力
☑③ 鉛筆（えんぴつ）のシンが折れる。	③芯
☑④ 論理がハタンをしている。	④破綻
☑⑤ 人気がジョウショウをする。	⑤上昇
☑⑥ 読後のヨインを味わう。	⑥余韻
☑⑦ 世界一の高さをホコル建物。	⑦誇る
☑⑧ アトカタもなく消えてしまう。	⑧跡形
☑⑨ 日本人のキンセンにふれる。	⑨琴線
☑⑩★ 朝日がノボル。	⑩昇る
☑⑪★ 文化祭でコトの演奏をする。	⑪琴

水の山　富士山　教 p.54~p.60

問題	答え
☑① 山のフモトに住む。	①麓

□② 山のユウスイを利用する。
□③ 気温が二十度をコス。
□④ 火口からヨウガンが流れる。
□⑤ ネバリケの強い食材。
□⑥ キョダイな建物。
□⑦★ サンロクの宿に泊まる。
□⑧★ 地中から温泉がワク。

②湧水
③超す
④溶岩
⑤粘り気
⑥巨大
⑦山麓
⑧湧く

夢を跳ぶ　教 p.72~p.79

□① 手術の際にマスイを使う。
□② コワイ顔をする。
□③ 悪性のシュヨウを除去する手術。
□④ 兄はジュウキュウサイだ。
□⑤ キンキュウニュウインの準備。
□⑥ 苦労とはムエンの暮らし。
□⑦ チョウキョリセンシュの活躍（かつやく）。
□⑧ アコガレの作家に会う。
□⑨ ムスメが三人いる。
□⑩ コウがん剤を使用する。
□⑪ エイヨウザイの種類。
□⑫ 病院でチリョウを受ける。

①麻酔
②怖い
③腫瘍
④十九歳
⑤緊急入院
⑥無縁
⑦長距離選手
⑧憧れ
⑨娘
⑩抗
⑪栄養剤
⑫治療

□⑬ 元の場所にモドル。
□⑭ 家の中にヒキコモル。
□⑮ 苦境からダッシュツする。
□⑯ 同じことをクリカエシ考える。
□⑰ スポーツシセツで働く。
□⑱ ギシソウグシの仕事。
□⑲ シッソウするランナーの姿。
□⑳ シゲキの強い薬。
□㉑ 難問にチョウセンする。
□㉒ 的をネラウ。
□㉓ 風船がフクラム。
□㉔ 社会のフクシに関わる仕事。
□㉕ コウレイシャに席をゆずる。
□㉖ かべをノリコエル。
□㉗ 災難にアウ。
□㉘ シンサイに備える。
□㉙ ヒサイした地域を復興する。
□㉚★ 自作の絵をガクブチに入れる。
□㉛★ 患者に応急手当をホドコス。
□㉜★ ボウダイな資料を保管する。

⑬戻る
⑭引き籠もる
⑮脱出
⑯繰り返し
⑰施設
⑱義肢装具士
⑲疾走
⑳刺激
㉑挑戦
㉒狙う
㉓膨らむ
㉔福祉
㉕高齢者
㉖乗り越える
㉗遭う
㉘震災
㉙被災
㉚額縁
㉛施す
㉜膨大

★は新出漢字の教科書本文外の読み方です。

☑㉝★ ユウエツカンを覚える。
☑㉞★ 寒さで体がフルエル。

㉝優越感
㉞震える

漢字の広場2　漢字の成り立ち　教 p.90~p.91

☑① カジュウを使ったデザート。
☑② 高熱のため大量にハッカンする。
☑③ ワクで囲んだ記事。
☑④ トツレンズの性質。
☑⑤ 崖のホウラク事故を防ぐ。
☑⑥ 携帯電話がフキュウする。
☑⑦ オウメンキョウに姿が映る。
☑⑧ キンコ三年の刑(けい)に処する。
☑⑨ 肉をクシヤキにする。
☑⑩ 全国津(つ)々ウラウラに行き渡る。
☑⑪ ミサキの先端に立つ。
☑⑫ 虹がエンコを描く。
☑⑬ ソチョウヨウの税制度。
☑⑭ キソを固める。
☑⑮ シッソウした人をさがす。
☑⑯ 彼はトクガクの士だ。
☑⑰ 鐘(かね)をチュウゾウする。

①果汁
②発汗
③枠
④凸
⑤崩落
⑥普及
⑦凹面鏡
⑧禁錮〈禁固〉
⑨串焼き
⑩浦々〈浦浦〉
⑪岬
⑫円弧
⑬租調庸
⑭基礎
⑮失踪
⑯篤学
⑰鋳造

☑⑱ 将来をショクボウされる学生。
☑⑲ 農家と商店をケンギョウする。
☑⑳ 臨時国会をショウシュウする。
☑㉑ どんぶりカンジョウ。
☑㉒ リンジンと親しくする。
☑㉓ カサを持って外出する。
☑㉔ ハクライヒンの時計。
☑㉕ 私のチョウケイは公務員だ。
☑㉖ 打ち合わせに時間をサク。
☑㉗ 財産をブンカツする。
☑㉘ コケ植物のホウシ。
☑㉙ ホウガン投げの競技。
☑㉚★ 額にヒヤアセをかく。
☑㉛★ 大は小をカネル。

⑱嘱望
⑲兼業
⑳召集
㉑勘定
㉒隣人
㉓傘
㉔舶来品
㉕長兄
㉖割く
㉗分割
㉘胞子
㉙砲丸
㉚冷や汗
㉛兼ねる

紙の建築　教 p.106~p.113

☑① 高温にタエル素材。
☑② 彼はハンシン地方の出身だ。
☑③ 熱帯雨林のバッサイを止める。
☑④ ヒナンジョとして利用する。
☑⑤ ジンソクに対処する。

①耐える
②阪神
③伐採
④避難所
⑤迅速

問題	解答
☑⑥ 誤りをシテキする。	⑥指摘
☑⑦★ 会場の混乱をサケル。	⑦避ける

漢字の練習２　教 p.119

問題	解答
☑① カブキ役者に憧れる。	①歌舞伎
☑② ゴウゼンとした物言い。	②傲然
☑③ 銀行でコウサイを買う。	③公債
☑④ シュンエイとして期待される。	④俊英
☑⑤ センニンが住むといわれる山。	⑤仙人
☑⑥ 外国のソウインを訪れる。	⑥僧院
☑⑦ タダシガキを読む。	⑦但し書き
☑⑧ ライバルをテイサツする。	⑧偵察
☑⑨ 日本語と英語をヘイキする。	⑨併記
☑⑩ ホウキュウを得て暮らす。	⑩俸給
☑⑪ 人生のハンリョを得る。	⑪伴侶
☑⑫ リンリに基づいて行動する。	⑫倫理
☑⑬ コンインの届け出をする。	⑬婚姻
☑⑭ 友人の才能にシットする。	⑭嫉妬
☑⑮ ジョサイない話し方をする。	⑮如才
☑⑯ 深窓のレイジョウ。	⑯令嬢
☑⑰ 宮家のチャクリュウ。	⑰嫡流
☑⑱ ハナヨメを祝福する。	⑱花嫁
☑⑲ サッカーチームのカントク。	⑲監督
☑⑳ 卒業生のメイボ。	⑳名簿
☑㉑ カンペキなできばえだ。	㉑完璧
☑㉒ ピアノのケイコをする。	㉒稽（稽）古
☑㉓ 図書館に本をヘンキャクする。	㉓返却
☑㉔ 選手センセイの大役を任される。	㉔宣誓
☑㉕ アサセにすむ魚。	㉕浅瀬
☑㉖ スイソウでメダカを飼う。	㉖水槽
☑㉗ ハバツの重鎮が集まる。	㉗派閥
☑㉘ 全ての作業がカンリョウする。	㉘完了
☑㉙★ 来月に姉がトツグ。	㉙嫁ぐ

敦盛（あつもり）の最期（さいご）——平家（へいけ）物語——　教 p.122~p.131

問題	解答
☑① 貴族のボツラクの物語。	①没落
☑② 除夜のカネが聞こえる。	②鐘
☑③ 沙羅（しゃら）ソウジュの木。	③双樹
☑④ 盛者（じょうしゃ）ヒッスイは世の常だ。	④必衰
☑⑤ 恐竜がホロビル。	⑤滅びる
☑⑥ 背水のジンを敷く。	⑥陣
☑⑦ ウスゲショウをする。	⑦薄化粧

★は新出漢字の教科書本文外の読み方です。

□⑧ 目のカタキにする。
□⑨ 主人公が親のかたきをウツ。
□⑩ ゴジッキの味方の軍勢。
□⑪ 故郷にニシキを飾る。
□⑫ ホッシンの思いが強くなる。
□⑬★ ゼツメツの危機にある野生動物。

⑧敵　⑨討つ　⑩五十騎　⑪錦　⑫発心　⑬絶滅

随筆の味わい──枕草子・徒然草── 教 p.132~p.140

□① 人気作家のズイヒツを読む。
□② 「マクラノソウシ」を読む。
□③ ホタルが生息する川。
□④ 地面にシモが降りる。
□⑤ ハトの群れが空をトビカウ。
□⑥ ジジョとして中宮に仕える。
□⑦ 出家してアマになった女性。
□⑧ カマクラジダイの寺院。
□⑨ オゴソカな音楽が流れる。

①随筆　②枕草子　③蛍　④霜　⑤飛び交う　⑥侍女　⑦尼　⑧鎌倉時代　⑨厳か

漢字の練習3 教 p.141

□① ハシゲタを修理する。
□② 試合にキンサで敗れる。
□③ 先生のやり方をモホウする。

①橋桁　②僅（僅）差　③模倣

□④ 強風のオソレがある。
□⑤ ヒフがかぶれる。
□⑥ セツジョクを果たす。
□⑦ テーブルにヒジをつく。
□⑧ 城の本丸御テン。
□⑨ ドレイカイホウを宣言する。
□⑩ お寺のカワラヤネ。
□⑪ ニョウケンサの結果。
□⑫ 川のハンランを防止する。
□⑬ 大名がハンセイの改革を進める。
□⑭ ナベブタを立てて収納する。
□⑮ よく訓練されたモウドウケン。
□⑯ タイキケンを突破する。
□⑰ 自由をキョウジュする。
□⑱ 変化の様子がケンチョに現れる。
□⑲ 壊れたカショを修理する。
□⑳ ラクノウが盛んな地域。
□㉑ 使用したヒンドを調べる。
□㉒ カーテンでシャヘイする。
□㉓ 超新星爆発のザンガイ。

④虞〈恐れ〉　⑤皮膚　⑥雪辱　⑦肘　⑧殿　⑨奴隷解放　⑩瓦屋根　⑪尿検査　⑫氾濫　⑬藩政　⑭鍋蓋　⑮盲導犬　⑯大気圏　⑰享受　⑱顕著　⑲箇所　⑳酪農　㉑頻度　㉒遮蔽（蔽）　㉓残骸

☐㉔ 状況をチクイチ報告する。
☐㉕ キョウ谷に川が流れる。
☐㉖ 大量の砂がタイセキする。
☐㉗ 力のキンコウが崩れる。
☐㉘★江戸時代のトノサマ。
☐㉙★人間のズガイコツ。

㉔逐一
㉕峡
㉖堆積
㉗均衡
㉘殿様
㉙頭蓋骨

二千五百年前からのメッセージ――孔子の言葉――　教 p.142～p.145

☐① コウシは、中国の思想家だ。
☐② イッパンテキな使い方。

①孔子
②一般的

坊っちゃん　教 p.146～p.161

☐① ジョウダンを言って笑わす。
☐② ナイフの鋭いハ。
☐③ 問題ないとウケアウ。
☐④ 手のコウに血管がうく。
☐⑤ 手術のキズアト。
☐⑥ シチヤに時計を預ける。
☐⑦ 手がスベル。
☐⑧ シカが畑の作物をアラス。
☐⑨ 相撲のテレビ中継を見る。
☐⑩ アルミ缶をフミツブス。

①冗談
②刃
③請け合う
④甲
⑤傷痕〈傷跡〉
⑥質屋
⑦滑る
⑧荒らす
⑨すもう
⑩踏み潰す

☐⑪ 頭隠してシリ隠さず。
☐⑫ 孟ソウ竹の林。
☐⑬ 劇場でシバイを見る。
☐⑭ 無期チョウエキの刑。
☐⑮ 顔を赤くしてオコル。
☐⑯ 姉はお節介なショウブンだ。
☐⑰ 兄とショウギをさす。
☐⑱ 本戦にコマを進める。
☐⑲ 自分の失敗を素直にアヤマル。
☐⑳ レイラクした貴族。
☐㉑ 夢をアキラメルことはできない。
☐㉒ よくがんばったとホメル。
☐㉓ 新しい足袋を履く。
☐㉔ エンピツで字を書く。
☐㉕ 逃げ出したペットをサガス。
☐㉖ 昔のイチエンサツ。
☐㉗ クサイにおいがする。
☐㉘ おカシを手作りする。
☐㉙ オボレル者はわらをもつかむ。
☐㉚ イチガイに悪いとは言えない。

⑪尻
⑫宗
⑬芝居
⑭懲役
⑮怒る
⑯性分
⑰将棋
⑱駒
⑲謝る
⑳零落
㉑諦める
㉒褒める
㉓たび
㉔鉛筆
㉕捜す
㉖壱円札
㉗臭い
㉘菓子
㉙溺（溺）れる
㉚一概

★は新出漢字の教科書本文外の読み方です。

□㉛ 適当な人物のシュウセンをする。
□㉜ 仕事に差し支える。
□㉝ 人づきあいにタンパクな人物。
□㉞ セイトボシュウを停止する。
□㉟ ソクセキで芸をする。
□㊱ 地方都市にフニンする。
□㊲ 幸せなショウガイを送る。
□㊳ 落ち込んだ友人をナグサメル。
□㊴ 観光地で土産を運ぶ。
□㊵★ 悪い行いをコラシメル。
□㊶★ 川からイシュウがする。
□㊷★ 新しい土地にオモムク。
□㊸★ イロウカイに招く。

㉛周旋　㉜さしつかえる　㉝淡泊〈淡白〉　㉞生徒募集　㉟即席　㊱赴任　㊲生涯　㊳慰める　㊴みやげ　㊵懲らしめる　㊶異臭　㊷赴く　㊸慰労会

夏の葬列

教 p.174~p.184

□① ソウレツを見送る。
□② カタイ金属を加工する。
□③ 砂利の道を歩く。
□④ ソカイジドウを受け入れる。
□⑤ 自分を「オレ」と呼ぶ。
□⑥ 資金がツキル。

①葬列　②硬い　③じゃり　④疎開児童　⑤俺　⑥尽きる

□⑦ キフクの激しい土地。
□⑧ 着物のスソ。
□⑨ イモバタケの草取りをする。
□⑩ モフクを着て告別式に出る。
□⑪ イッシュンで現状を理解する。
□⑫ 目のサッカクによる現象。
□⑬ 天にツバをはくような言動。
□⑭ 建物のカゲに隠れる。
□⑮ カンサイキが飛んでくる。
□⑯ キミョウなうわさを聞く。
□⑰ 水鉄砲で的をウツ。
□⑱ 強いショウゲキを受ける。
□⑲ 胸がハズム。
□⑳ 昔のキオクをたどる。
□㉑ グウゼンの出来事。
□㉒ 敵のジュウゲキが続く。
□㉓ タンカでけが人を運ぶ。
□㉔ 幼い頃のオモカゲがある。
□㉕ 湖のオモテは鏡のようだ。
□㉖ 思わず本音をハク。

⑦起伏　⑧裾　⑨芋畑　⑩喪服　⑪一瞬　⑫錯覚　⑬唾　⑭陰　⑮艦載機　⑯奇妙　⑰撃つ　⑱衝撃　⑲弾む　⑳記憶　㉑偶然　㉒銃撃　㉓担架　㉔面影　㉕面　㉖吐く

問題	答え
☑㉗ 過去のゲンエイにとらわれる。	㉗幻影
☑㉘ モウソウを膨らませる。	㉘妄想
☑㉙ フキンシンな発言を取り消す。	㉙不謹慎
☑㉚ 優勝してウチョウテンになる。	㉚有頂天
☑㉛ シツレンから立ち直る。	㉛失恋
☑㉜ 驚いてカンセイをあげる。	㉜喚声
☑㉝ 船が波にユレル。	㉝揺れる
☑㉞ 墓地にマイソウする。	㉞埋葬
☑㉟★ 自信をソウシツする。	㉟喪失
☑㊱★ 敵がハンゲキしてくる。	㊱反撃
☑㊲★ 友人の厳しい言葉にドウヨウする。	㊲動揺
☑㊳★ 広場が人でウマル。	㊳埋まる

漢字の広場3　漢字の多義性　教 p.190~p.191

問題	答え
☑① 食パンをイッキン買う。	①一斤
☑② 論文のヨウシを短くまとめる。	②要旨
☑③ ハイケイ厳寒の候。	③拝啓
☑④ ショコウが王のもとに集まる。	④諸侯
☑⑤ 世界セイフクを目指した人物。	⑤征服
☑⑥ 人前でゴウキュウする。	⑥号泣
☑⑦ 争いのチュウサイを引き受ける。	⑦仲裁
☑⑧ 「バクシュウ」は初夏の季語だ。	⑧麦秋
☑⑨ 機密情報をバクロする。	⑨暴露
☑⑩ フンソウカイケツに一歩近づく。	⑩紛争解決
☑⑪ 記念にセキヒを建てる。	⑪石碑
☑⑫ 図書館でショセキを借りる。	⑫書籍
☑⑬ 粗品をシンテイする。	⑬進呈
☑⑭ キンユウと経済について学ぶ。	⑭金融
☑⑮ 敵のシュウゲキを受ける。	⑮襲撃
☑⑯ タイキオセンが問題になる。	⑯大気汚染
☑⑰ 意見のコンキョを述べる。	⑰根拠
☑⑱ 小説のゲンコウを書く。	⑱原稿
☑⑲★ ハンカチのヨゴレを落とす。	⑲汚れ

漢字の練習4　教 p.192

問題	答え
☑① キッサテンで待ち合わせる。	①喫茶店
☑② コンクリートのテイボウを造る。	②堤防
☑③ カンキュウをつけた投球。	③緩急
☑④ 賃貸ケイヤクを結ぶ。	④契約
☑⑤ 不当な圧力にテイコウをする。	⑤抵抗
☑⑥ 地元の商店街をオウエンする。	⑥応援
☑⑦ 土地がリュウキする。	⑦隆起

★は新出漢字の教科書本文外の読み方です。

□⑧ シヘイを数える。
□⑨ 郷土ガングで遊ぶ。
□⑩ 野菜をハンバイする。
□⑪ イッカツして認定する。
□⑫ 木の葉にギタイしたチョウ。
□⑬ 店の案内図をケイジする。
□⑭ 店にジョウスイ器を設置する。
□⑮ 問題のカクシンに迫る。
□⑯ ゴイが豊富な人。
□⑰ ゲシの日は一年で最も昼が長い。
□⑱ ボインをはっきり発音する。
□⑲ 自然のセツリに反する。
□⑳ 相互にフジョする。
□㉑ ラ致(ち)の被害者を助け出す。
□㉒ ごマンエツの表情。
□㉓ イカンの意を表する。
□㉔ 地球の将来をキグする。
□㉕ ダセイで続けている習慣。
□㉖ 現場の惨状(さんじょう)にセンリツを覚える。
□㉗★ ほっとして気をユルメル。

⑧紙幣
⑨玩具

⑩販売

⑪一括
⑫擬態

⑬掲示
⑭浄水
⑮核心
⑯語彙（彙）

⑰夏至

⑱母音
⑲摂理
⑳扶助
㉑拉
㉒満悦
㉓遺憾
㉔危惧（惧）
㉕惰性
㉖戦慄
㉗緩める

ガイアの知性

□① クジラが潮を吹く。
□② 記録映画をサツエイする。
□③ イケイの念を抱く。
□④ シサに富んだ話をうかがう。
□⑤ カメはジュミョウが長い。
□⑥ 専門家のチエを借りる。
□⑦ 先輩の助言にスナオに従う。
□⑧ 人口が都市にカタヨル。
□⑨ タヌキをわなでトラエル。
□⑩ 金魚にエサを与える。
□⑪ 厳しいジョウキョウ。
□⑫ 一定の条件のモトで成立する。
□⑬ 動きをセイギョする。
□⑭ モウスピードで泳ぐ魚。
□⑮ センタクの余地が無い。
□⑯ カコクな運命。
□⑰ メスのカブトムシ。
□⑱ コウゲキテキな発言をする。
□⑲★ 自然のメグミに感謝する。

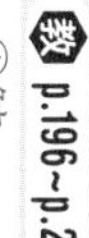
教 p.196~p.205

①鯨

②撮影

③畏敬

④示唆
⑤寿命

⑥知恵

⑦素直
⑧偏る

⑨捕らえる

⑩餌（餌）

⑪状況〈情況〉

⑫下
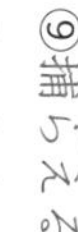
⑬制御

⑭猛

⑮選択

⑯過酷

⑰雌

⑱攻撃的

⑲恵み

問題	答え
□⑳★カブトムシをツカマエル。	⑳捕まえる
□㉑★葉書(はがき)のあてなに「オンチュウ」と書く。	㉑御中

学ぶ力　教 p.226~p.232

問題	答え
□①敵陣にモグリコム。	①潜り込む
□②ケンコウイジに努める。	②健康維持
□③入口が草木でフサガル。	③塞がる
□④作品にはユウレツをつけない。	④優劣
□⑤武道のシショウ。	⑤師匠
□⑥筆にスミをつける。	⑥墨
□⑦★センスイして海底を調査する。	⑦潜水

漢字の練習5　教 p.239

問題	答え
□①斜面のコウバイがきつい。	①勾配
□②地下深くにタンコウをほる。	②炭坑〈炭鉱〉
□③ピアノの上にガクフを開く。	③楽譜
□④カジョウな心配は無用だ。	④過剰
□⑤カン詰(づめ)の製造工場。	⑤缶
□⑥店頭でツケモノを選ぶ。	⑥漬け物
□⑦試供品をハンプする。	⑦頒布
□⑧オウヒのお言葉。	⑧王妃
□⑨セツ那(な)的な感情。	⑨刹
□⑩チョクシを丁重にもてなす。	⑩勅使
□⑪「チンは国家なり」という言葉。	⑪朕
□⑫キョウケイの心を態度で示す。	⑫恭敬
□⑬芋から造ったショウチュウ。	⑬焼酎
□⑭連合軍をトウスイする。	⑭統帥
□⑮領収書に「ニマンエン」と書く。	⑮弐万円
□⑯権威がシッツイする。	⑯失墜
□⑰大臣をヒメンする。	⑰罷免
□⑱保険のヤッカンに明記する。	⑱約款
□⑲コクジを文書に押す。	⑲国璽
□⑳繊細カツ優美な曲。	⑳且つ
□㉑バンユウをいさめる。	㉑蛮勇
□㉒ダラクした生活を改める。	㉒堕落
□㉓家臣のジュンシをとめる。	㉓殉死
□㉔ジュウソウを使って掃除する。	㉔重曹
□㉕敵のホリョになる。	㉕捕虜
□㉖イカンは、軍隊の階級の一種だ。	㉖尉官
□㉗シャクイをたまわる。	㉗爵位
□㉘吹雪で視界が悪くなる。	㉘ふぶき
□㉙若人たちが歓声を上げる。	㉙わこうど

★は新出漢字の教科書本文外の読み方です。

☐㉚ 明るい笑顔で話しかける。
☐㉛ 風邪を引いて発熱する。
☐㉜ 時雨が止むのを待つ。
☐㉝ 紅葉狩りに行く。

㉚えがお
㉛かぜ
㉜しぐれ
㉝もみじ

走れメロス

教 p.248~p.266

☐① ジャチボウギャクなふるまい。
☐② 人の気持ちにビンカンだ。
☐③ ハナムコが挨拶する。
☐④ 華やかなイショウを選ぶ。
☐⑤ 優勝のシュクエンを開く。
☐⑥ 無理な要求をコバム。
☐⑦ ケイリに捕まる。
☐⑧ ミケンにしわが寄る。
☐⑨ 国中のタミが声を上げる。
☐⑩ 臆病者（おくびょうもの）だとチョウショウされる。
☐⑪ 敵にイノチゴイをする。
☐⑫ 罪人のショケイが行われる。
☐⑬ 宿屋のテイシュ。
☐⑭ 山頂にトウチャクする。
☐⑮ 塩で味をトトノエル。

①邪知暴虐
②敏感
③花婿
④衣装
⑤祝宴
⑥拒む
⑦警吏
⑧眉間
⑨民
⑩嘲（嘲）笑
⑪命乞い
⑫処刑
⑬亭主
⑭到着
⑮調える

☐⑯ シャジクを流すような雨。
☐⑰ フキツな夢を見る。
☐⑱ 夜になってもムシアツイ。
☐⑲ 今（こ）ヨイは満月だ。
☐⑳ 彼はユウユウと立ち去った。
☐㉑ メイヨある地位に就く。
☐㉒ コブシを握りしめる。
☐㉓ ダクリュウをせき止める工事。
☐㉔ 繋（けい）シュウが風に揺れる。
☐㉕ ワタシモリの姿を探す。
☐㉖ 涙（なみだ）ながらにアイガンする。
☐㉗ うそのないマコトの心。
☐㉘ 資源をムダにしない。
☐㉙ サンゾクの親玉。
☐㉚ 敵をナグリタオス。
☐㉛ 気持ちがナエル。
☐㉜ ロボウに花が咲いている。
☐㉝ 柱を真っ二つにタチワル。
☐㉞ シンクのバラの花束。
☐㉟ 美しいクレナイ色の空。

⑯車軸
⑰不吉
⑱蒸し暑い
⑲宵
⑳悠々〈悠悠〉
㉑名誉
㉒拳
㉓濁流
㉔舟
㉕渡し守
㉖哀願
㉗誠
㉘無駄
㉙山賊
㉚殴り倒す
㉛萎える
㉜路傍
㉝断ち割る
㉞真紅〈深紅〉
㉟紅

☑㊱ 敵の目をアザムク。
☑㊲ 彼の言動にギワクを持つ。
☑㊳ ヒレツなやり方を責める。
☑㊴ ミニクイ争い。
☑㊵ ギムスイコウに努める。
☑㊶ 星がカガヤク。
☑㊷ 異様なフウテイをした人。
☑㊸ ゼンラタイの石こう像。
☑㊹ 高いトウロウに登る。
☑㊺ イッペンの花びらが舞う。
☑㊻ 我が子とホウヨウする。
☑㊼ クウキョな理想論を語る。
☑㊽★ マユゲを整える。
☑㊾★ 父に怒られてイシュクする。
☑㊿★ シュウアクな争いは見苦しい。

漢字の広場4　同音の漢字

☑① 人気作家のキカン本を増刷する。
☑② 教室でキカンの巡回(じゅんかい)をする。
☑③ 一時的に赤字をホテンする。
☑④ 雨なのでジョコウする。

㊱欺く
㊲疑惑
㊳卑劣
㊴醜い
㊵義務遂行
㊶輝く
㊷風体
㊸全裸体
㊹塔楼
㊺一片
㊻抱擁
㊼空虚
㊽眉毛
㊾萎縮
㊿醜悪

教 p.272~p.273

①既刊
②机間
③補塡(填)
④徐行

☑⑤ 外国の製品をハイセキする。
☑⑥ 夕飯の残り物をレイトウする。
☑⑦ 駅で財布(さいふ)をシュウトクする。
☑⑧ 金ジュウ万円なりの領収書。
☑⑨ カイコンして田畑を広げる。
☑⑩ 長年コンイにしている知人。
☑⑪ ジュヨウと供給の関係。
☑⑫ ジュキョウは中国で発展した。
☑⑬ 営業をボウガイする。
☑⑭ 体についたシボウを減らす。
☑⑮ ボウセキ工場を営む。
☑⑯ 学生りょうのリョウチョウ。
☑⑰ 会社のリョウユウと食事する。
☑⑱ メイリョウに意志を示す。
☑⑲ 収入をシンコクする。
☑⑳ 社員のための福利コウセイ。
☑㉑ セッカイを生産する工場。
☑㉒ 湖のシンセンを測定する。
☑㉓ キュウドウの大会に出場する。
☑㉔★ 雪で路面がコオル。

⑤排斥
⑥冷凍
⑦拾得
⑧拾
⑨開墾
⑩懇意
⑪需要
⑫儒教
⑬妨害
⑭脂肪
⑮紡績
⑯寮長
⑰僚友
⑱明瞭
⑲申告
⑳厚生
㉑石灰
㉒深浅
㉓弓道
㉔凍る

敦盛の最期——平家物語——

教 p.122～p.131

✿歴史的仮名遣い　現代仮名遣いを確認しよう。

- ☐ ① あらはす …あらわす
- ☐ ② よはひ …よわい
- ☐ ③ いづくに …いずくに
- ☐ ④ 助けまゐらせん …たすけまいらせん
- ☐ ⑤ 問ひたまふ …といたもう
- ☐ ⑥ 見知らうずるぞ …みしろうずるぞ
- ☐ ⑦ 心苦しう …こころぐるしゅう
- ☐ ⑧ いとほしくて …いとおしくて

✿ポイント文　現代語訳を確認しよう。

- ☐ ⑨ おごれる人も久しからず
  - 訳 おごりたかぶっている人も長くは続かない
- ☐ ⑩ 何とてかかる憂きめをばみるべき
  - 訳 どうしてこのようなつらいめに遭うことがあろうか

✿係り結び　助詞と文末の結びつきを確認しよう。

- ☐ ⑪ 笛をぞ、腰にさされたる。
- ☐ ⑫ それよりしてこそ熊谷が発心の思ひはすすみけれ。

随筆の味わい——枕草子・徒然草——（枕草子）

教 p.132～p.140

✿歴史的仮名遣い　現代仮名遣いを確認しよう。

- ☐ ① やうやう …ようよう
- ☐ ② 飛びちがひたる …とびちがいたる
- ☐ ③ をかし …おかし
- ☐ ④ あはれなり …あわれなり
- ☐ ⑤ おほへる …おおえる

✿古語の意味　意味を確認しよう。

- ☐ ⑥ やうやう …だんだんと
- ☐ ⑦ をかし …趣がある
- ☐ ⑧ いと …たいそう・とても
- ☐ ⑨ つとめて …早朝
- ☐ ⑩ つきづきし …似つかわしい
- ☐ ⑪ わろし …よくない
- ☐ ⑫ うつくし …かわいらしい

✿作品　作品について確認しよう。

- ☐ ⑬ 作者 …清少納言
- ☐ ⑭ 成立 …平安時代

歴史的仮名遣い…語中・語尾の「は・ひ・ふ・へ・ほ→わ・い・う・え・お」「む・なむ→ん・なん」「ぢ・づ→じ・ず」「ゐ・ゑ・を→い・え・お」

随筆の味わい —枕草子・徒然草—（徒然草）

教 p.132〜p.140

❁歴史的仮名遣い 現代仮名遣いを確認しよう。

☑① あやしう …あやしゅう
☑② 詣でけり …もうでけり
☑③ 行願寺 …ぎょうがんじ

❁古語の意味 意味を確認しよう。

☑④ よしなしごと …たわいもないこと
☑⑤ 心憂く覚えて …残念に思い
☑⑥ かち …徒歩
☑⑦ 年ごろ …長年の間
☑⑧ ゆかしかりしかど …知りたかったのですが
☑⑨ 思ひける頃しも …思っていたちょうどその頃

❁ポイント文 現代語訳を確認しよう。

☑⑩ あやしうこそものぐるほしけれ
訳 妙に気持ちがおかしくなりそうだ
☑⑪ 先達はあらまほしきことなり
訳 その道の案内者はあってほしいものである

❁作品 作品について確認しよう。

☑⑫ 作者 …兼好法師
☑⑬ 成立 …鎌倉時代末期

二千五百年前からのメッセージ —孔子の言葉—

教 p.142〜p.145

❁返り点 漢文を読む順番を確認しよう。

●レ点…一字下から返って読む。

☑① 2レ 1
☑② 3レ 2レ 1

●一・二点…二字以上、下から返って読む。

☑③ 3二 1 2一
☑④ 1 4二 2 3一 5

❁語句の意味 意味を確認しよう。

☑⑤ 子曰はく …先生がおっしゃるには
☑⑥ 亦〜乎 …なんと〜ではないか
☑⑦ 慍らず …腹を立てない
☑⑧ 君子 …立派な人物

❁ポイント文 書き下し文と返り点を確認しよう。

☑⑨ 有レ朋自二遠方一来、不二亦楽一乎。
書き下し文 朋有り遠方より来たる、亦楽しからずや。
☑⑩ 己所レ不レ欲、勿レ施二於人一。
書き下し文 己の欲せざる所、人に施すこと勿かれ。

＊置き字…訓読では読まない文字…而・於 など

歴史的仮名遣い…「ア段＋う・ふ→オ段の長音」「イ段＋う・ふ→ユウ・○ュウ」「エ段＋う・ふ→○ョウ」「くわ・ぐわ→か・が」

文法の小窓1　活用のない自立語

教 p.36／p.288～p.291

名詞　名詞のはたらきを確認しよう。

☐① 名詞…人や物、事柄（ことがら）などを表す。

●名詞の種類

☐② 普通名詞…例 春・中学生・家・正義

☐③ 固有名詞…例 夏目漱石（なつめそうせき）・日本・ロンドン・昭和

☐④ 代名詞…例 私・ここ・それ

☐⑤ 数詞…例 一つ・二回・三人

☐⑥ 形式名詞…例 何か食べるものを用意する。

＊形式名詞…「こと・もの・とき」などが、実質的な意味をもたないときの名詞。

連体詞　連体詞のはたらきを確認しよう。

☐⑦ 連体詞…連体修飾語になる。

●連体詞の修飾（……が修飾する文節をさがそう。）

☐⑧ その時計は、僕のものです。

☐⑨ 向こうで小さな犬が歩いている。

☐⑩ たいした話はない。

☐⑪ いわゆる失敗作というやつだった。

☐⑫ これがわが町の名産品です。

副詞　副詞のはたらきを確認しよう。

☐⑬ 副詞…主に連用修飾語になる。

●副詞の種類

☐⑭ 状態の副詞…動作や作用がどんな状態かを示す。
例 小川がさらさら流れる。

☐⑮ 程度の副詞…状態・性質・感情などがどの程度かを示す。
例 今日は、とても暑い。

☐⑯ 叙述（じょじゅつ）の副詞…いろいろな叙述の仕方に呼応して、話し手の判断や気持ちなどを表す。
例 決して迷いはしない。

接続詞　接続詞の種類を確認しよう。

☐⑰ 順接…例 かぜをひいた。だから、学校を休んだ。

☐⑱ 逆接…例 かぜをひいた。しかし、学校へ行った。

☐⑲ 累加・並立…例 本屋に行った。そして、雑誌を買った。

☐⑳ 対比・選択（せんたく）…例 鉛筆（えんぴつ）またはペンを用意してください。

☐㉑ 転換…例 席についてください。では、始めます。

☐㉒ 要約・言いかえ・補足…例 彼女は母の妹、つまり叔母だ。

感動詞　感動詞のはたらきを確認しよう。

☐㉓ 感動詞…独立語としてのみ使われる。
例 まあ（感動）・もしもし（呼びかけ）・はい（応答）
こんにちは（挨拶）

あと ひと押し! 「これ」「それ」は名詞（代名詞），「この」「その」は連体詞。また，「小さな」「大きな」は連体詞，「小さい」「大きい」は形容詞。

文法の小窓2　活用のある自立語

教 p.118／p.292〜p.298

❁動詞の活用　活用形、活用の種類を確認しよう。

活用の種類	語例	語幹	未然形	連用形	終止形	連体形	仮定形	命令形
五段活用	話す	はな	さ・そ	し	す	す	せ	せ
上一段活用	起きる	お	き	き	きる	きる	きれ	きろ・きよ
下一段活用	閉める	し	め	め	める	める	めれ	めろ・めよ
カ行変格活用	来る	○	こ	き	くる	くる	くれ	こい
サ行変格活用	する	○	し・さ・せ	し	する	する	すれ	しろ・せよ
主な用法			ナイ・ウ・ヨウが続く。	マス・テ・タが続く。	言い切る。	コト・トキが続く。	バが続く。	命令の意味で言い切る。

●活用形

☑①未然形…話**さ**-ない／話**そ**-う
☑②連用形…話**し**-ます／話**し**-て／話**し**-た
☑③終止形…話**す**。
☑④連体形…話**す**-こと／話**す**-とき
☑⑤仮定形…話**せ**-ば
☑⑥命令形…話**せ**。

●活用の種類（「ない」を付けて見分ける。）

☑⑦五段活用　…ア段＋ない　例書く→書かない
☑⑧上一段活用　…イ段＋ない　例起きる→起きない
☑⑨下一段活用　…エ段＋ない　例閉める→閉めない
☑⑩カ行変格活用　…「来る」のみ
☑⑪サ行変格活用　…「する」「○○する」のみ

❁形容詞の活用　活用形を確認しよう。

語例	語幹	未然形	連用形	終止形	連体形	仮定形	命令形
広い	ひろ	かろ	かっ・く・う	い	い	けれ	○
主な用法		ウが続く。	タ・ナル・ゴザイマスが続く。	言い切る。	コト・モノが続く。	バが続く。	命令の意味で言い切る。

●活用形

☑⑫未然形…熱**かろ**-う
☑⑬連用形…熱**かっ**-た／熱**く**-なる／熱**う**-ございます
☑⑭終止形…熱**い**。
☑⑮連体形…熱**い**-こと／熱**い**-もの
☑⑯仮定形…熱**けれ**-ば

❁形容動詞の活用　活用形を確認しよう。

語例	語幹	未然形	連用形	終止形	連体形	仮定形	命令形
豊かだ	ゆたか	だろ	だっ・で・に	だ	な	なら	○
豊かです	ゆたか	でしょ	でし	です	(です)	○	○
主な用法		ウが続く。	タ・アル・ナルが続く。	言い切る。	コト・モノが続く。	バが続く。	命令の意味で言い切る。

●活用形

☑⑰未然形…静か**だろ**-う
☑⑱連用形…静か**だっ**-た／静か**で**-ある／静か**に**-なる
☑⑲終止形…静か**だ**。
☑⑳連体形…静か**な**-こと／静か**な**-もの
☑㉑仮定形…静か**なら**-ば

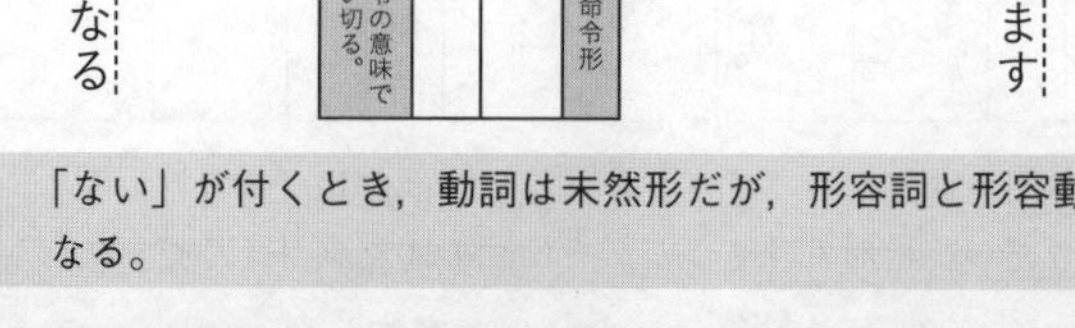

「ない」が付くとき，動詞は未然形だが，形容詞と形容動詞は連用形になる。

文法の小窓3　付属語のいろいろ

教 p.237／p.299〜p.303

❁助詞　助詞の種類やはたらきを確認しよう。

●格助詞　…主に体言について、あとの語句との関係を示す。

☑ ① が	主語をつくる	例 妹がでかける。
☑ ② の	連体修飾語をつくる	例 ぼくの本。
☑ ③ から	連用修飾語をつくる	例 駅から歩く。

●接続助詞　…主に用言や助動詞について、あとの語句とさまざまな関係でつながる。

☑ ④ から	順接・理由	例 寒いから上着を着る。
☑ ⑤ のに	逆接	例 寒いのにアイスを食べる。

●副助詞　…いろいろな語句につき、さまざまな意味をつけ加える。

☑ ⑥ だけ	限定	例 りんごだけ食べた。
☑ ⑦ も	追加	例 父にも手伝ってもらう。

●終助詞　…文や文節の終わりについて、話し手（書き手）の気持ちや態度を示す。

☑ ⑧ よ	勧誘（かんゆう）	例 コーヒーでも飲もうよ。
☑ ⑨ な（なあ）	感動	例 景色がきれいだなあ。

❁助動詞　助動詞のはたらきを確認しよう。

☑ ⑩ れる・られる	受け身 可能 自発 尊敬	例 先生に注意される。 例 これは食べられる。 例 昔が思い出される。 例 先生が来られる。
☑ ⑪ せる・させる	使役（しえき）	例 妹に手伝わせる。
☑ ⑫ ない・ぬ	打ち消し	例 雨が降らない。
☑ ⑬ ます	丁寧（ていねい）	例 もう帰ります。
☑ ⑭ た	過去 完了（かんりょう）	例 昨日、映画を見た。 例 宿題が終わった。
☑ ⑮ たい・たがる	希望	例 旅行に行きたい。 例 旅行に行きたがる。
☑ ⑯ ようだ・ようです	推定 たとえ	例 明日は晴れるようだ。 例 まるで夢のようだ。
☑ ⑰ そうだ・そうです	様態	例 雨が降りそうだ。
☑ ⑱ だ・です	断定	例 私は中学生だ。
☑ ⑲ そうだ・そうです	伝聞	例 山田君は欠席だそうだ。
☑ ⑳ らしい	推定	例 開会式が遅れるらしい。
☑ ㉑ う・よう	意志・勧誘・ 推量	例 学校へ行こう。 例 一日でできよう。
☑ ㉒ まい	打ち消しの意志・ 推量	例 決して行くまい。

あとひと押し！

・雨が降りそうだ＝連用形＋「そうだ」→様態の助動詞「そうだ」

・雨が降るそうだ＝終止形＋「そうだ」→伝聞の助動詞「そうだ」